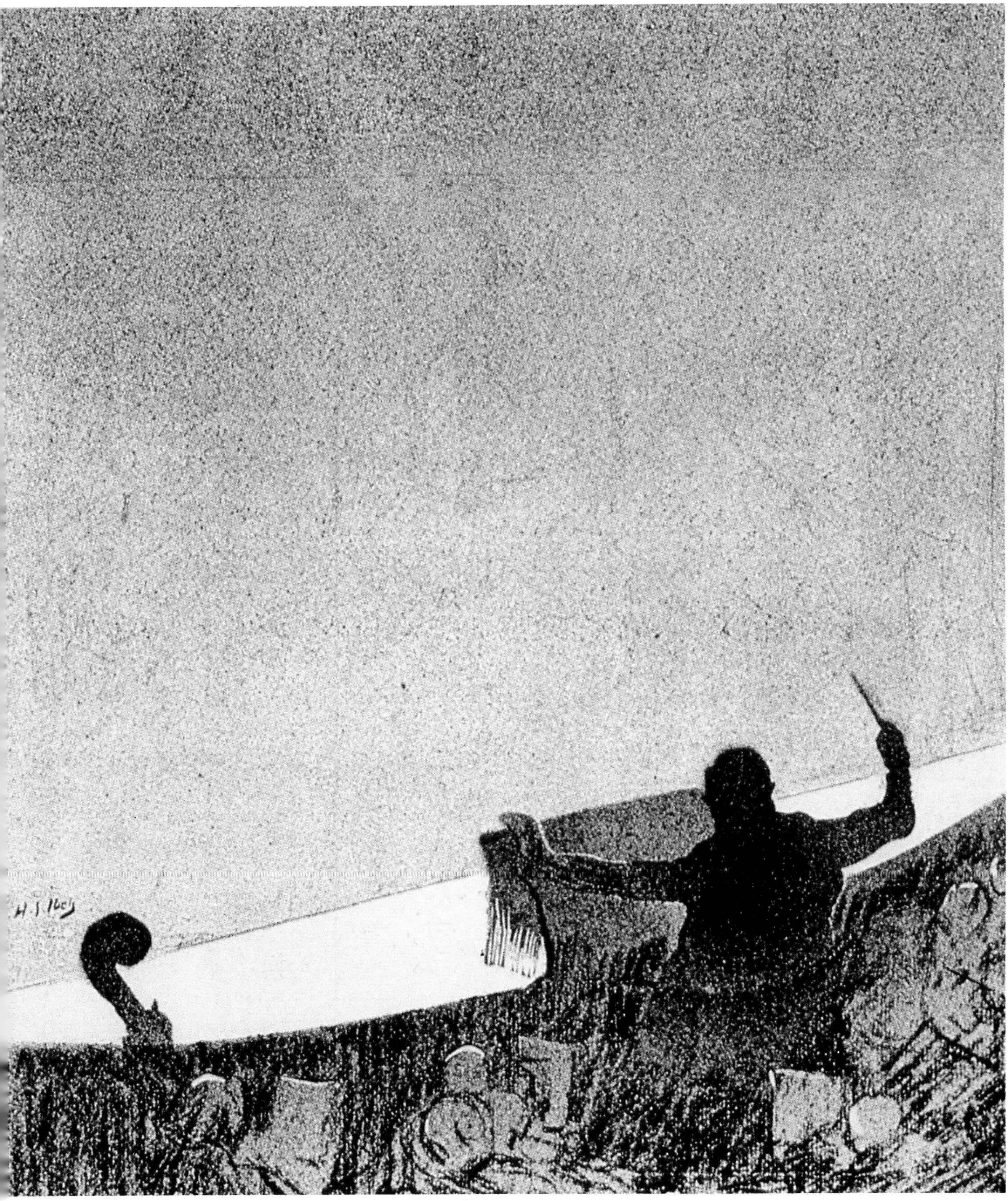

1. *L'orchestre (Dessin de H.-G. Ibels).*

Dans la nuit tombante,
La foule grouillante
Court impatiente
Au café-concert.
Le badaud, pas chiche,
Admire l'affiche :
Portrait — fort godiche —
Du comique Albert.

On ouvre la porte,
Chacun se transporte,
C'est une cohorte
De gens délirants.
Et, selon sa classe,
Le public se place,
Se presse et s'entasse
Comme des harengs.

Alors c'est la gamme
Du marchand qui brame :
« Qui veut le programme ?
« Demandez, voilà...
« Bonbons, citronnelle,
« Lorgnettes, jumelles,
« La chanson nouvelle
« Que l'on chante là ! »

Le garçon piétine,
Renverse la fine
Et la grenadine
Sur le spectateur,
Qui tout haut l'insulte,
Cause du tumulte !
(Un seul homme exulte,
C'est le directeur).

Selon la coutume,
L'on boit et l'on fume,
La rampe s'allume
Comme un ruban d'or.
Le régisseur sonne,
L'orchestre résonne,
Le titi frissonne,
Le bourgeois s'endort.

P. Chambot et A. Girier
La Chanson des cabots, *1895.*

Le café-concert

François Caradec
Alain Weill

ATELIER HACHETTE/MASSIN

2

Une forme nationale du spectacle

2. *Dessin de Roubille.*

« Le café-concert et sa musique canaille jouée par un orchestre vulgaire, le café-concert et son atmosphère irrespirable de nuage de fumée et de relents de bière, le café-concert et ses refrains égrillards ou obscènes repris en chœur par le public, le café-concert et son exhibition de femmes outrageusement décolletées assises en rond au fond du plateau, le café-concert et ses divettes et ses diseurs mondains et ses duettistes et ses tourlourous, et son odeur de gaz, d'huile, de moisissure de cave et de linge en sueur, — souvenirs délectables, images grisantes pour commis de magasin en vadrouille dominicale, pour midinettes émues ou pour militaires en permission*. »

En deux mots: le spectacle populaire, celui d'un demi-siècle, du Second Empire à la guerre de 1914, la belle époque de la chanson française, avant que le café-concert ne cède la place au music-hall, et que celui-ci ne soit lui-même chassé des salles populaires par un art encore balbutiant, mais bientôt sonore, parlant et chantant, le cinématographe.

« Comment se fait-il qu'on ait attendu jusqu'au siècle dernier pour créer cette forme nationale du spectacle de la chanson qui est si bien de chez nous et qu'on appelle le café-concert?... »

Cette question que pose Jules Bertaut n'est pas sans réponse. En 1863 déjà, Émile Mathieu écrit dans un petit livre l'histoire de ces « établissements considérés en France comme au-dessous de la troisième catégorie »: il est alors lui-même artiste de café-concert « depuis quatorze ans » !

Il existe des cafés chantants depuis la création du *Caveau* en 1731. Les trente dernières années du XVIIIe siècle voient se multiplier les sociétés chantantes, qui sont plusieurs fois interdites, car ce n'est pas seulement le lieu où naissent les romances, c'est aussi là qu'apparaissent les chansons subversives. Le *Caveau* ou *Café des Aveugles,* installé au Palais-Royal dans le sous-sol du *Café Italien,* réunit une demi-douzaine d'aveugles qui jouent comme des sourds jusqu'à une heure du matin: sous le Directoire, on vient y voir, plutôt qu'y écouter, la jolie Rosalba*. Mais pas

* Jules Bertaut, *Les Belles nuits de Paris,* 1927.

* Le *Café des Aveugles* disparaît en 1867; contrairement aux autres établissements, on y jouait de petites saynètes à deux personnages, alors que ce privilège était encore interdit aux cafés-concerts.

3

3. Les premiers cafés-concerts s'établissent à l'ombre des arbres des Champs-Élysées. Comme dans un salon bourgeois, sous un lustre éclairé au gaz, les artistes, hommes et femmes, attendent leur tour au fond de la scène. 4. Bientôt, ce sont seulement des femmes qui forment la « corbeille ». Les « poseuses » se contentent de faire tapisserie, un bouquet à la main. Le public des hommes attablés s'intéresse davantage à l'arrivée tapageuse d'une « cocotte » qu'aux chanteuses sans voix. (Gravure en couleur de Gustave Doré).

4

5. A l'origine, au Café Morel, *l'orchestre est installé sur la scène : c'est parmi les chanteurs et musiciens ambulants aux costumes pittoresques que se recrutent les premiers artistes des cafés-concerts.*
*6. Le spectacle est aussi dans la salle : garçons de café qui se soucient peu de ce qui se passe sur la scène, public debout ou assis, interpellant les chanteurs, quêteuses que l'on cherche à éviter, tout un petit monde surveillé par la police. 7. En juin 1849, à l'*Estaminet lyrique *du passage Jouffroy, Joseph Darcier lance par défi devant un public de militaires son grand succès, ''Le Pain''. Enthousiasmés, les officiers se lèvent, applaudissent, frappent et brisent les tables à coups de sabre! « C'est un four, murmure Darcier... Moi qui croyais être sifflé! »*

pour longtemps: le jeune Bonaparte fréquentait les galeries du Palais-Royal, l'empereur Napoléon fait fermer tous les « musicos » où l'on chansonne sa politique. Après le Premier Empire, Béranger devient l'idole des sociétés chantantes. Il faut attendre la monarchie de Juillet pour que — tandis que les ouvriers-poètes préparent la révolution de 48 dans les goguettes — renaissent les cafés chantants qu'on appellera bientôt cafés-concerts.

Ils poussent en été à l'ombre des arbres des Champs-Élysées. Au *Café du Bosquet*, chaumière aux murs couverts de feuillages, ou au *Concert de la Corde* (une simple corde sépare l'orchestre du public), quelques planches posées sur des tréteaux constituent les scènes improvisées sur lesquelles viennent prendre place des chanteurs ambulants. Les heures d'affluence se situent dans la soirée entre cinq et onze heures. Toutes les demi-heures, l'un des chanteurs fait la quête de table en table, et les artistes se partagent ensuite la recette du jour, 80 ou 100 F, parfois davantage. On y écoute le gros, l'énorme Fleury, chanteur comique de cent trente kilos, vêtu d'un habit vert d'académicien et d'un pantalon rouge d'où dépasse un pan de chemise à carreaux, Jules Moulin qui deviendra ténor en province, la famille Picolo, ou bien Narcisse qui trente ans après chante encore dans les beuglants de Lyon, et une foule d'artistes lyriques momentanément sans emploi.

« Heureuse d'échapper pendant la saison d'été à la chaleur excessive des salles de spectacle, la foule se laisse volontiers attirer par le plaisir d'entendre, en plein air, de la musique plus ou moins bien exécutée, mais toujours variée; elle se porta d'abord aux Champs-Élysées, où les premiers cafés-concerts avaient été installés. La vogue de ces établissements donna bientôt l'idée à plusieurs industriels de leur créer des concurrents,

5

6

et de toutes parts, dans Paris, le bruit des demi-tasses se mêla aux flonflons à la mode*. »

L'année 1848 marque une première date importante dans l'histoire du café-concert. Pendant cinq mois, il n'y a plus de censure théâtrale. Un comédien en chômage pour cause de révolution ouvre au mois de février, dans le tout nouveau passage Jouffroy, l'*Estaminet lyrique*. L'illustre Darcier (de son vrai nom Joseph Lemaire, 1819-1883) y triomphe en chantant *Le Pain*.

Berlioz, qui dit de lui: « Darcier est certainement un bon

* *Grand Dictionnaire Universel du XIXe siècle,* par Pierre Larousse, tome troisième, 1867.

On n'arrête pas le murmure
Du peuple quand il dit: « J'ai faim!... »
Car c'est le cri de la Nature:
Il faut du pain!...

7

A son aspect, le silence le plus profond s'établit; les pipes les plus actives cessent de fonctionner, on avale la fumée des cigares, le garçon de café s'arrête, des bouteilles à la main, comme Sisyphe oubliant de rouler son rocher; la Proserpine du comptoir dit un mot, et les promeneurs sentent leurs jambes frappées d'immobilité, leurs pieds cloués au sol. Voilà Darcier! Sa figure exprime déjà le caractère du personnage dont il va vous chanter la sombre ou naïve ou lamentable histoire.

Hector Berlioz, 1849

musicien, nonobstant l'habitude qu'il a prise de traiter la mesure et le rythme à coups de pied», ne tarit pas d'éloges sur l'interprète. Mais la censure est rétablie le 29 juillet, et le répertoire des cafés-concerts doit se modérer sous le règne du prince-président.

Le Second Empire interdit les sociétés chantantes et les goguettes de chansonniers: toute réunion doit faire l'objet d'une autorisation de la Préfecture de police*. Les amateurs de chansons doivent donc se contenter des concerts ouverts au public. Aussi suspects qu'ils l'ont été sous le premier, ces cafés-concerts connaissent pourtant leur apogée sous le Second Empire. En 1861, désireuse de transformer les Champs-Élysées en un lieu de promenade unique au monde, la Ville de Paris dote les cafés-concerts qui s'y trouvent déjà de jardins à l'anglaise, de massifs et d'arbres. Depuis une dizaine d'années, se sont ouverts dans Paris des établissements qui emploient l'hiver les artistes des Champs-Élysées et attirent une clientèle qui a pris l'habitude d'entendre des romances et des chansonnettes tout en fumant la pipe et en buvant des bocks: avec l'*Estaminet lyrique*, le *Chalet Morel*, le *Café de l'Épi Scié*, le *Café du Château d'Eau*, le *Café du Saumon*, le *Café de la Poste*, le *Café des Folies* et quelques autres, dont seul le *Café de France*, 20, boulevard Bonne-Nouvelle, subsiste encore en 1963, Paris compte déjà douze cafés-concerts d'hiver, employant près de mille personnes, artistes et employés. C'est Émile Mathieu qui nous donne ces renseignements sur le personnel:

«Le personnel artistique d'un de ces cafés-concerts est presque toujours ainsi composé: un ténor, un baryton, trois comiques, une forte chanteuse, une chanteuse à roulades, un contralto, deux chanteuses légères et deux chanteuses comiques.

L'orchestre compte quatorze à vingt musiciens.

Les appointements des artistes chanteurs varient de 150 à 700 fr. par mois. Ceux des artistes musiciens de 70 à 150 fr. Un chef d'orchestre a de 300 à 400 fr. par mois [...].

La tenue des artistes (à leurs frais, bien entendu) est une tenue de soirée, elle est de même pour les dames artistes.

Les soirées musicales commencent à 7 heures du soir et se

* Les réunions non autorisées sont des délits (décrets du 25 mars 1852).

8

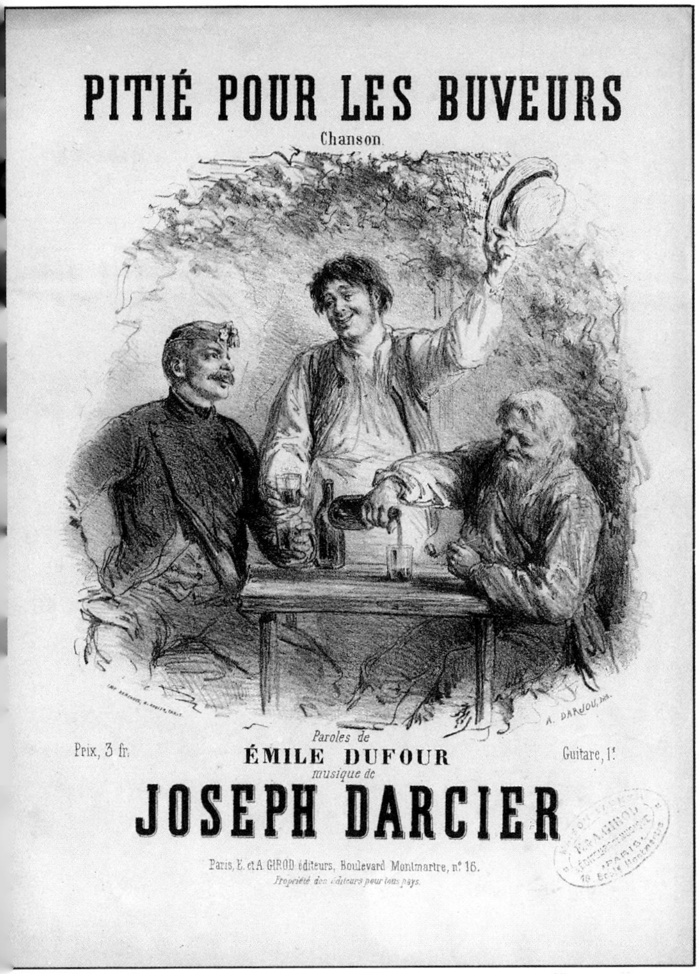

9

10

8. *Joseph Darcier.*
9, 10, 11, 12. *Il est l'auteur de la musique d'une foule de chansons, dont les illustrateurs sont Darjou, Durandeau, Grévin ou Cham.*

continuent jusqu'à 11 heures; les dimanches et fêtes, on commence à deux heures de l'après-midi.

Un café-concert occupe une trentaine de personnes pour le service, ce qui fait un personnel de 60 personnes salariées, artistes et employés.

Les garçons de ces établissements ont le sou pour franc [c'est-à-dire 5%] en sus des pourboires. Une place de garçon de café-concert peut rapporter de 300 à 400 francs par mois [...]

Les recettes de chaque soirée (en semaine) varient de 500 à 1 000 fr. Un beau dimanche, on peut faire 2 500 fr. et même 3 000 fr. »

Sur ces recettes, le directeur du café-concert, avant de payer ses chanteurs, ses musiciens, ses garçons, son éclairage, sa patente et son loyer, doit verser une première part à la *Société de Bienfaisance,* une autre à la *Société des Auteurs:* en 1863,

11

12

en France, deux cents cafés-concerts versent 100 000 F à l'une et à l'autre. Car il ne viendrait plus alors à personne l'idée de contester les droits légitimes des auteurs, paroliers et compositeurs, dont les œuvres ont figuré au programme de la soirée. Et pourtant…

En 1850, un parolier, Ernest Bourget, et deux compositeurs, Victor Parizot et Paul Henrion*, assistent aux *Ambassadeurs,* nouveau café-concert créé l'année précédente sur les Champs-Élysées, au succès de leurs propres œuvres sur lesquelles ils ne touchent pas de droits d'auteur. Avec une parfaite logique, ils refusent de payer leurs consommations. Scandale. L'éditeur Jules Colombier paye les frais d'un procès qu'ils intentent au café-concert, et qu'ils gagnent. Ils fondent la même année le *Syndicat des auteurs, compositeurs et éditeurs de musique,* qui devient *Société* l'année suivante (1851). En 1866, la S.A.C.E.M. répartit près de 380 000 F entre 160 sociétaires. Vingt ans

* Paul Henrion (1817-1901), apprenti horloger jusqu'à l'âge de onze ans, devient comédien ambulant, étudie la musique et obtient son premier succès populaire en 1840. Auteur de plus de six cents romances, de chansonnettes chantées par Judic et d'espagnolades, il met notamment en musique une chanson enfantine de Jean-Baptiste Clément, *Pimperline et Pimperlin.*

13. *Villemer et Delormel* (14) *sont des auteurs prolifiques qui se partagent chaque année le centième des revenus de la Société des Auteurs, Compositeurs et Éditeurs de Musique.* 15. *Mêlés au public populaire d'un café-concert des Champs-Élysées, un parolier et deux compositeurs refusent de payer leurs consommations tant qu'ils ne toucheront pas de droits sur l'interprétation de leurs œuvres. Un procès, qu'ils gagnent en 1850, est à l'origine de la SACEM.*

13

14

plus tard, en 1886, Eugène Baillet, son rapporteur général, peut annoncer: «Le dieu Million a fait son entrée solennelle dans notre caisse.» Cette année-là, en effet, 4 000 auteurs, compositeurs et éditeurs se partagent 1 050 000 F. Une cinquantaine d'entre eux gagnent de 2 000 à 2 500 F par an; mais Villemer et Delormel* empochent chacun plus de 10 000 F dans le même temps. Tous ces auteurs se retrouvent une fois par trimestre (le 5 des mois de janvier, avril, juillet et octobre) au siège de la *Société,* 17, rue du Faubourg-Montmartre, à la caisse du troisième étage.

Ces contraintes financières chassent de la rue et des jardins de Paris les artistes ambulants, mais favorisent la nouvelle industrie du spectacle. Malheureusement, le personnel des cafés-concerts, contrairement à celui des théâtres, vit dans l'incertitude de l'avenir: c'est que l'existence des cafés-concerts n'est qu'une «tolérance» du pouvoir. Ce sont les théâtres qui interdisent aux chanteurs de cafés-concerts de se

* Lucien Delormel (1847-1899), auteur de *Mon Oscar,* en 1867, rime pendant la guerre de 1870 un poème, *Liberté,* qui remporte un triomphe. Après la guerre, il exploite systématiquement le filon de la chanson revancharde: *Le Fils de l'Allemand, Le Maître d'école alsacien,* avec Villemer (Germain Girard, ?-1892), qui de son côté signe avec Ben Tayoux *Alsace-Lorraine* et avec Francis Chassaigne *Les Cuirassiers de Reichshoffen.* Avec Garnier et Désormes, Delormel est un des auteurs d'*En revenant de la revue,* le triomphe de Paulus lancé à l'*Alcazar d'été* en 1886.

15

16

costumer et les obligent à chanter en tenue de soirée, sans aucun accessoire, sous peine d'amende, ou même de fermeture. Quand la liberté des théâtres devient effective en 1864, ceux-ci ont seuls le droit de monter des pièces de plus d'un acte, la *Société des auteurs dramatiques* ne jugeant pas convenable de faire jouer son répertoire dans une salle où les spectateurs peuvent boire et fumer; mais elle accepte bientôt de traiter avec les cafés-concerts qui désirent monter... plusieurs pièces en un acte et dans un seul décor. Bien plus, dans certaines villes de province, les cafés-concerts doivent payer un tribut aux théâtres qui les accusent de leur faire concurrence et les menacent de fermeture. Enfin, sous un régime où le droit de réunion est interdit, les cafés-concerts subissent toutes les formes de censures, politiques, religieuses et morales.

16. *L'*Alcazar d'été *en 1867. Les tables isolées ont pratiquement disparu pour être remplacées par des rangées de fauteuils au dos desquels sont fixées des tablettes pour poser les consommations.*
17. *Marie Sasse, l'une des vedettes du* Café Moka. 18. *Jean-Baptiste Clément, dont la plus célèbre romance, "Le Temps des cerises", est écrite en 1866, avant de symboliser l'espoir du retour de la liberté, après la Commune de 1871.*
19, 21. *L'architecture des cafés-concerts du second Empire, l'*Alcazar *aux Champs-Élysées, l'*Eldorado, *boulevard de Strasbourg, adopte résolument le style de l'époque, colonnades et pâtisseries.*
20. *En Angleterre, à la même époque, on peut entendre des chanteurs dans des « salles à manger » où l'on boit, l'on mange et l'on fume.*

18

Les cafés-concerts du Second Empire

Après avoir quitté l'*Estaminet lyrique,* Darcier chante au *Café Moka,* rue de la Lune. Cet ancien comédien interprète les chansons du premier répertoire des cafés chantants, celles de Pierre Dupont et bientôt celles de ses contemporains qu'il a mises en musique, Gustave Nadaud, Jean-Baptiste Clément, Alexis Bouvier (''La Canaille''), Édouard Hachin (''La Tour Saint-Jacques''), etc., romances ou gaudrioles. Il fait représenter des opéras-comiques et finit dans une totale débine dans les beuglants de quartier.

Comme le feront toujours les cafés-concerts, où s'établit un va-et-vient avec les salles lyriques de Paris, le *Café Moka* accueille de nombreux chanteurs d'opéra et d'opéra-comique. Mais à cette époque encore, par une certaine pudeur, ils éprouvent le besoin de changer de nom: Michot, premier ténor de l'Opéra, y chante son répertoire sous le nom de Conti, et Mme Barbot sous celui de Caroline Lelère. Quant à Mlle Sax, c'est M. Sax, inventeur du saxophone, qui l'oblige à changer son nom en celui de Marie Sasse sous lequel elle se fait connaître à l'Opéra. Mme Agar, sous son nom de baptême, Léonie, chante les airs de son répertoire de l'Opéra-Comique. Enfin, en 1863, Thérésa est engagée au *Café Moka*.

17

Mais ce n'est pas seulement pour les artistes que l'on vient au *Café Moka*. C'est aussi pour les consommations, qui sont excellentes, et surtout pour la belle Madame Mathieu, qui se contente d'exhiber « ses formes de déesse », « son masque d'Athé-

Dans l'arrière-boutique d'un marchand de vins sans gloire, autour du piano, piano chauve de plusieurs cordes, asthmatique et brèche-dent, les virtuoses du quartier défilaient à tour de rôle. « Chacun y allait de la sienne. » En bras de chemise, plus vieilli que vieux, dévasté par la misère et déjà stigmatisé par le Démon Alcool, Darcier attaquait l'instrument poussif. Alors, c'était un charme. Comme lui seul au monde savait dire, il disait, chantait, phrasait, déclamait les ouvrages de sa composition: la Tour Saint-Jacques, Mon petit-neveu, *dont il faisait des poèmes incomparables, frissonnants de révolte, de douleur et de pitié.*

Laurent Tailhade

19

20

ELDORADO

BOULEVARD DE STRASBOURG, 4

TOUS LES JOURS GRANDE SOIRÉE LYRIQUE, A 7 HEURES
LE DIMANCHE, A 6 HEURES

ARTISTES

MM.

DARCIER
DIDIER
J. LETER
VALOTTE
GUILLOT
MONNET

ARTISTES

Mmes

HENRIETTE
ESTELLE BAUDIER
BLANGY
RISETTE
CELINI
HEPS
THERESA.
MARGUERITE

Un orchestre de **25** *musiciens dirigé par M. PEUCHOT*

La magnifique salle de l'ELDORADO, qui vient d'être augmentée d'une nouvelle GALERIE, est brillamment éclairée par un LUSTRE que l'on peut considérer comme le plus beau qui ait été fait jusqu'à ce jour.

ENTRÉE LIBRE

NOTA. — Le splendide foyer vient d'être converti en Estaminet, avec *six billards*. Le prix des consommations, *même pendant le concert*, est celui des autres cafés environnants.

3255 — Paris, imp. de Ch. Jouaust, r. S.-Honoré, 338.

nienne, couronné par une chevelure d'un noir bleu, ses prunelles noyées d'une langueur molle, son cou de cygne et ses épaules pétries dans les lys»... Le succès du *Café Moka* dure autant que le couple Mathieu: jusqu'en 1863.

Un autre célèbre café-chantant s'ouvre en 1851, le *Grand Concert des Arts* dirigé par André-Martin Pâris, ancien tragédien, boulevard du Temple, à côté du passage Vendôme, pratiquement place du Château-d'Eau (aujourd'hui place de la République). Il est immédiatement surnommé *Café du Géant*. Pâris a en effet eu l'idée d'engager successivement des géants dans sa troupe. En 1858, il en a déjà «usé» cinq. Pourquoi des géants?

— Pour l'œil, répond Pâris... Il y a des gens qui *viennent voir chanter*... il leur faut une montre comme chez Chevet...* Mon soprano est la fraise, mon contralto la grappe de vigne aux raisins bruns... mon Andalouse, la pile d'oranges de Chypre... L'ananas monstre qui captive le badaud, c'est le géant.

* Marchand de comestibles au Palais-Royal.

Le premier géant s'appelle Calais; le deuxième, Murphy, est le seul qui sache chanter; le troisième tourne au notariat; le quatrième est... un faux géant grandi par les talons et la perruque; le cinquième est J.-J. Brice, le plus célèbre et le plus solide. «On y boit, on y fume, on y chante (écrit Alfred Delvau en 1867), et, deux ou trois fois dans la soirée, un monsieur très grand — un tambour-major et demi — circule entre les tables, montrant ses mains énormes aux consommateurs ébahis. Quand on veut rester là toute la soirée, pour se gorger de romances et se rassasier de la contemplation du géant, il faut avoir soin de renouveler sa consommation, — ce qui rend la soirée coûteuse.»

C'est en effet une règle que vont imposer les cafés-concerts. L'entrée est libre; le spectacle est permanent, il «n'a pas, pour ainsi dire, de commencement»; si les promeneurs nocturnes «trouvent une bonne place, ils la prendront; sinon, ils iront ailleurs» (André Chadourne). Mais il faut renouveler les consommations. Entre deux tours de chant, un écriteau annonce: «On est prié de renouveler». Les uns le font, et les autres s'en vont, cédant la place à de nouveaux amateurs.

ALCAZAR D'HIVER
10, RUE du FAUBOURG POISSONNIÈRE
DIMANCHES & FÊTES
MATINÉES A 2 HEURES
TOUS LES SOIRS A 8 heures

De loin, les Ambassadeurs, *l'*Horloge *et l'*Alcazar *apparaissent comme des palais enchantés. Ces guirlandes lumineuses formées de globes d'opale, ces portes de feu d'une architecture féerique, ces grands arbres auxquels la clarté du gaz donne l'éclat précieux de l'émeraude et qui semblent baignés dans une atmosphère magique; ces robes claires, ces bras et ces épaules nus, aperçus à travers des massifs de fusains, dans un salon mauresque, c'est le palais d'Armide sous la fraîcheur du soir. Quel charme pour les esprits incultes! Quel rafraîchissement de l'âme et du corps! Quel bain de volupté pour un commis qui sort de son magasin, pour un clerc d'avoué ou pour un employé de ministère!*

Anatole France

Dans le *Paris Guide* préfacé par Victor Hugo que l'éditeur Lacroix publie pour l'Exposition universelle de 1867, Nestor Roqueplan écrit: «Les cafés-concerts, traités de haut et parfois un peu persécutés, ne méritent ni dédain ni rigueur. Il y en a beaucoup, il y en a peut-être trop, mais trois de ces cafés ont rendu des services réels aux grands théâtres. Ce sont le *Café du Géant,* l'*Eldorado,* l'*Alcazar,* d'où se sont élancés d'un seul bond, vers des scènes de premier ordre, des artistes aujourd'hui renommés.»

En 1858, s'ouvrent presque simultanément l'*Alcazar,* 10, rue du Faubourg-Poissonnière, et l'*Eldorado,* 4, boulevard de Strasbourg. Ce dernier, construit sur l'emplacement du manège Pellier, est ouvert à Noël. Il est, trop tôt, beaucoup trop luxueux: le double rang de colonnes avec ses lustres suspendus à chacune des arcades, le décor du plafond, les statues, les bas-reliefs, les fontaines jaillissantes, tout cela éblouit mais ne retient pas le public populaire habitué aux salles enfumées. Après une première faillite, l'*Eldorado* est vendu en 1860. En 1861, son nouveau directeur, Lorge, un des grands noms de l'histoire du café-concert, en fera le premier caf'-conc' de Paris.

Arsène Goubert, le directeur de l'*Alcazar,* construit un peu plus tard dans le «style mauresque», est plus heureux dans ses débuts. Il rachète le *Café Morel* des Champs-Élysées et le baptise *Alcazar d'été*. La troupe se compose tout d'abord en tout et pour tout du gros Fleury, bientôt rejoint par les artistes de l'*Alcazar* de la rue du Faubourg-Poissonnière, qui prend le nom d'*Alcazar d'hiver*.

«L'*Alcazar d'été* et le *Café des Ambassadeurs* jouissent, dans la belle saison, d'une vogue qu'explique suffisamment leur situation dans le plus beau quartier de Paris et en plein air, tandis que les autres établissements de ce genre, généralement mal disposés au point de vue de l'aération, deviennent dans les mois d'été de véritables étouffoirs» (Larousse, 1877).

Cette chaleur n'indispose pas seulement les consommateurs. Paulus s'explique quelques années plus tard sur la coupe de cheveux qu'il avait adoptée: «On s'est étonné de cette coupe à

22. *Arsène Goubert, directeur de l'* Alcazar d'hiver *construit dans le «style mauresque», a racheté le* Café Morel, *aux Champs-Élysées, et en fait l'* Alcazar d'été, *dans le même style exotique.* (16). *Affiche de Léon Choubrac signée de son pseudonyme, Hope (1882).*

23

la Titus, généralement peu avantageuse au physique. On a cru à une excentricité de ma part, c'était tout bonnement une mesure d'hygiène. On n'avait pas encore l'électricité sur la scène et je chantais six, huit, dix chansons, dansant, courant, gambillant sans cesse, dans une atmosphère étouffante produite par une rampe de soixante becs de gaz et les bouquets de feu des portants. Il y avait une température qui allait à 40 degrés! J'imaginai d'alléger ma tête, voilà tout... et je m'en trouvai fort bien. »

Sur le côté droit des Champs-Élysées, la *Buvette des Ambassadeurs* est devenue en 1849 *Concert des Ambassadeurs,* près de l'hôtel Crillon où descendent les ambassadeurs étrangers, ainsi que le *Chalet Morel;* sur l'autre côté, Besselièvre ouvre en 1855 le *Concert de l'Horloge* (en face du restaurant Ledoyen). Il le vend en 1857 à Madame Picolo. La nouvelle directrice agrandit et embellit le café-concert. On y applaudit de bons artistes, car Madame Picolo, artiste elle-même et mère de la chanteuse Théo, a du métier. Elle dirige l'*Horloge* jusqu'en 1869. Les baraques des Champs-Élysées ont fait place à de « jolis pavillons décorés dans le meilleur goût ».

23. *Le succès des cafés-concerts d'été a créé de nouvelles habitudes. Des cafés-concerts d'hiver s'ouvrent dans tout Paris sur leur modèle. Ce ne sont souvent que des cafés à la mode où le public continue de boire, de fumer et de bavarder sans beaucoup s'occuper des chanteuses ni de l'orchestre. (Dessin de Belin, gravé par Coste).*

La clientèle de l'*Alcazar d'été*, très mêlée, sans doute à cause d'un promenoir ceinturant la salle, est, dit-on, moins élégante que celle des *Ambassadeurs*, surtout à partir de 1867. Thérésa décrit elle-même ce que les artistes appellent la « loge infernale » : « C'est là que viennent s'installer chaque soir cinq ou six jeunes gens, qui boivent beaucoup, fument énormément et causent tout haut de leurs petites affaires. Quelques provinciaux les prennent pour des gens du meilleur monde. Ce ne sont, en réalité, que des quarts de cocodès, qui parlent de la Patti, des Brohan, des Lafon, des femmes à la mode et des sommes immenses qu'ils ont, soi-disant, perdues au club. Quand leurs manifestations deviennent trop bruyantes, le public de la corde crie: « A la porte les gandins ! », et le silence se rétablit. »

Tous ces cafés-concerts présentent un caractère particulier: c'est l'institution de la « corbeille ». André Chadourne la décrit spirituellement: « Une particularité qui caractérise ces établissements et contribue à leur donner plus d'apparat, c'est que, selon l'usage des siècles derniers, la scène ne s'y montre jamais vide. Ce ne sont point sans doute des seigneurs et des marquises de cour qui l'occupent, mais une dizaine de femmes en toilette de bal et rangées en hémicycle. Elles gardent rarement une attitude modeste, et plus d'une correspond cavalièrement du regard avec les gandins placés à l'orchestre; mais, par l'entremêlement de leurs robes, de leurs corsages multicolores, tranchant sur le vert encadrement des arbres et sous l'irradiation multiple des lustres, elles offrent à l'œil un affriolant tableau.

A l'origine, ces femmes ne figuraient que comme *dames de compagnie*. Mais, à la suite de propos, de railleries émis par les journaux et le public sur le rôle de galanterie qu'elles paraissaient jouer, la Censure et la Préfecture de police, je ne sais laquelle, sentit renaître ses pudeurs, et déclara qu'on ne les tolérerait plus si elles ne faisaient pas acte d'*artistes*. En conséquence, les directeurs leur ont enjoint de prendre des leçons de diction et de chant, afin de lancer par intermittences (deux fois par semaine, si je ne m'abuse), quelques refrains... devant les banquettes. De fait, elles arrivent et s'installent en même temps que le gaz.

Sur la scène, la toile à peine levée, des femmes grasses et charnues sont là, groupées en cercle, la poitrine offerte; la légendaire et désuète « corbeille » aujourd'hui disparue des cafés-concerts. Les seins saupoudrés de farine, le bas de la face coupé comme d'un trait rouge par le fard mouillé des bouches. C'est l'étal, le morne et sexuel étal; à tour de rôle, les poupées se lèvent et bêlent, ou tout à coup émoustillées, se trémoussent sur des musiques de ménageries ou de gourbis, on boit; des marronniers, déjà cuits par juillet, des feuilles choient et tombent dans les verres. C'est, à la lumière crue du plein jour, la hideur, maquillée le soir par le clair-obscur et le jeu des éclairages, de cette chose hideuse : le café-concert.

Jean Lorrain
Concert annuel du Courrier Français *aux* Ambassadeurs, *28 juillet 1899.* (Poussières de Paris, *1902.)*

24

25

26

La chanteuse désignée pour ce soir-là vient débiter son petit boniment aux musiciens, puis prend place parmi ses camarades, après avoir rempli l'office connu au théâtre sous la désignation de *balayeuse de planches.* »

On comprend mieux encore le rôle de la « corbeille » au café-concert à la lecture des souvenirs émus de collégien que Gaston Jollivet note en 1896, à une époque où cette institution avait disparu : « Elles étaient là une demi-douzaine étalant beaucoup de crinoline, tapotant dessus de temps en temps, minaudant, s'éventant, échangeant entre elles avec un sourire qui me semblait idéal des propos que je jugeais divins et que j'ai su depuis tourner invariablement entre ces deux formules modifiées suivant les variations de l'atmosphère et celles de l'argot : ''Il fait rien chaud'' et ''Pour sûr que je pince un rhume''. »

scie, *n.f. Refrain d'une monotonie préméditée, et répété d'autant plus de fois qu'il paraît agacer celui qu'on veut mortifier.*
scier, *v.a. Fig. et populairement. Scier quelqu'un, lui scier le dos, le fatiguer, l'ennuyer.*

Émile Littré,
Dictionnaire de la Langue française, 1863.

L'invention de la « scie »

On comprendrait mal les critiques et les accusations d'ineptie qu'eut bientôt à subir le répertoire des cafés-concerts si l'on méconnaissait cet autre phénomène, né sous le Second Empire et qui durera au moins jusqu'à la guerre de 1914, la « scie ». En 1867, par exemple, sans qu'on sache pour qui ni pourquoi, Paris est littéralement inondé de petits carrés de papier jaune portant ces mots : « As-tu vu Godiveau ? » C'est une scie, tout à fait gratuite. La police, naturellement, est sur les dents : qui peut bien

J'ai un pied qui r'mue,
Et l'autre qui ne va guère,
J'ai un pied qui r'mue,
Et l'autre qui ne va plus.

27

28

24, 25, 26, 27, 28. *Plus la « scie » est inepte, plus elle a de chances de succès. Le second Empire invente un genre qui ne survivra pas à la fin du siècle.*
29. *Joseph Kelm (Joseph Cahen, 1812-1883) abandonne une carrière de ténor pour le café-concert où il lance la plupart des « scies » (''Le pied qui r'mue'') ou pour l'opérette (''Le Sire de Framboisy''). Photo Nadar.*

être Godiveau? Personne. A la même époque, Napoléon III ayant commandé une comédie qui a pour thème *Les Alarmistes,* Alexandre Pothey écrit un scénario de quelques pages où il est question d'une société secrète, *La Muette,* dont les membres se reconnaissent dans la rue au fait qu'ils se croisent sans se saluer ni se parler. A la fin de chaque page revient la même phrase: « La police le sait, elle ne peut rien y faire. » C'est là, très exactement décrit, le mécanisme même de la « scie ». Alexandre Pothey faillit d'ailleurs être arrêté comme étant le président de cette société secrète imaginaire...

Alexandre Dalès a raconté comment il avait été amené à écrire ''Les Bottes à Bastien'' en 1859: « Un jour, ou plutôt un soir, à Valentino* ou à Barthélemy*, un jeune rapin dansait le quadrille des Lanciers en faisant vis-à-vis à un jeune commis mercier qui d'ordinaire ne brillait pas (à ce qu'il paraît) par le luxe de sa chaussure: ce soir-là, le susdit commis mercier avait pourtant chaussé de superbes bottes vernies; son vis-à-vis s'écria stupéfait: *Ah! il a des bottes, Bastien!* Et les jeunes gens qui entendirent cette exclamation improvisèrent séance tenante, sur l'air que vous connaissez, le refrain que l'on connaît trop, le tout sans s'occuper des règles de la versification. Cette improvisation eut un succès fou dans les bals publics, et il y avait déjà quelque chose comme trois mois que les gamins hurlaient cette ineptie dans les rues de Paris, lorsque M. Durand, éditeur, rue Jacques-de-Brosse, 10, me pria de *coudre* quelques couplets à ce refrain qui était chanté par tout le monde et n'appartenait à personne.

* Bals populaires.

29

L'autr' matin, la gross' mèr' Peaud' balle,
Qui sortait d'ach' ter des panais,
Demande à un' dam' de la Halle :
« Avez-vous du poisson bien frais ? »
La marchand', les poings sur les hanches,
A cett' question lève le museau,
Et d' sa plus bell' voix des dimanches,
Lui répond par ce cri nouveau :

Parlé : *En voulez-vous des z' homards ?*
Ah ! les sales bêtes !
Y z' ont du poil aux pattes !!!

Écoute-moi donc, tête folle,
Puisque tu veux te marier,
Laisse ton artiste Anatole
Et prends-moi Bastien le rentier.
N'écoute pas ces filles sottes
Qui prennent l'aisance pour rien.

C'est qu'il a des bottes,
Il a des bottes,
Bastien,
Il a des bottes, bottes, bottes,
Il a des bottes,
Bastien.

Je fus assez coupable pour signer cette erreur lyrique qui s'est, en dépit du bon sens, vendue à près de 300 000 exemplaires. »

Beaucoup de ces chansons idiotes sont lancées à l'*Alcazar* par le comique Joseph Kelm. Ainsi, en 1863, ''J'ai un pied qui r'mue'' (qui serait l'adaptation d'une chanson de métier des fileuses de Normandie faisant tourner le rouet avec le pied) et ''Ah, zut alors! si ta sœur est malade!''

Vous n'auriez pas vu Lambert,
A la gar' du chemin de fer?
Vous n'auriez pas vu...
Lambert? (5 fois)
S'est-il noyé dans la mer,
S'est-il perdu dans l'désert?
Qu'est-ce qu'a vu Lambert?
Lambert? (4 fois)

En 1864, c'est ''Ohé Lambert!'', qui est parvenu jusqu'à nous et dont l'histoire est exemplaire: « Un jour, au 15 août 1864, quelques farceurs s'interpellent dans la gare de chemin de fer de l'Ouest [la gare Montparnasse] par ces mots: Ohé Lambert! D'autres répondent; on vit là une allusion, un hurrah poussé en l'honneur d'un prince hôte de la France; peut-être un cri séditieux. On le répéta; il partit comme une traînée de poudre, et pendant deux jours, sur les boulevards, dans les rues, en chemin de fer, sur les routes, sur la terre et sur l'onde, on n'entendit qu'un cri: Ohé Lambert! Les théâtres s'en emparèrent, Félix Baumaine fit vite une chanson dont le refrain fut: *Ohé Lambert!* et dans les cafés-concerts, le public le cria. Huit jours plus tard, c'était fini, évanoui, passé de mode*. »

* H. Gourdon de Genouillac, *Les Refrains de la rue*, 1879.

Cette date précise est confirmée par Jules et Edmond de Goncourt, qui écrivent dans leur *Journal* à la date du 20 août 1864: « En ce moment, à Paris, il y a une épidémie de cris idiots, de ''Ohé Lambert!'', telle qu'ils nécessitent un arrêté de police. Depuis quelques années, il passe ainsi des danses de Saint-Guy de bêtise sur la France. Évidemment, le niveau de l'esprit national baisse et le peuple français, naturellement excessif, est prêt à devenir le plus imbécile et le plus gâteux des peuples. Il tourne aux refrains mécaniques, aux charges épileptiques, à tout ce que déchaîne et encourage la littérature du ''Brésilien''* et des Bouffes, patronnée et couverte de croix par le mécénat et M. de Morny. »

* Comédie en un acte de Meilhac et Halévy, musique d'Offenbach, créée en 1863.

Dans son *Étude sur la chanson des rues contemporaine*, en 1867, Charles Nisard dit de ce « cri »: « Il a servi de refrain à une chansonnette chantée dans l'un des cafés-concerts de Paris [par Alexandre Legrand au *Concert du XIXe siècle*], et a eu assez

30-31. *Demay et Libert sont de grands consommateurs de « scies ». Une de celles qui aura la vie la plus longue est ''L'Amant d'Amanda'' :*
Voyez-vous ce beau garçon-là,
C'est l'amant d'A,
C'est l'amant d'A,
Voyez-vous ce beau garçon-là,
C'est l'amant d'Amanda.

de vogue pour que l'éditeur, M. Lebailly, ait été obligé d'en faire de nombreuses éditions. On s'explique ce succès en la lisant; rien n'est plus conforme au tempérament du peuple de Paris, et s'il n'a pas fait la chanson, il a eu au moins la gloire de l'avoir inspirée. »

On en fait quelques variantes, notamment ''LA-É-OU-U?'', chansonnette créée par Mlle Demay à l'*Alcazar d'été ;* et *le Bibliophile français* prétend même qu'il s'agit de la parodie d'une chanson des croisades, qu'il publie, accompagnée de notes du bibliophile Julien. On apprend que la revue tient copie de cette complainte de M. Le Court de la Villethassetz, un savant breton dont le patronyme nous rassure complètement sur l'authenticité du document.

Mais contrairement à ce que pense Gourdon de Genouillac, ce cri, s'il ne nous vient pas du temps des croisades, a franchi le temps. A tel point que Robert Desnos, dans les années 1936-1938, en écrit pour la radio une version nouvelle, en faisant remarquer que la scie ''Avez-vous vu Lambert'' était encore populaire dans sa jeunesse (Robert Desnos est né en 1903).

La conclusion revient à Maxime du Camp: « Cet engouement peu durable que lui inspirent certains grands hommes (le Parisien) l'éprouve aussi pour d'inexcusables niaiseries. Une épidémie de bêtise se répand tout à coup sur Paris; la maladie est incurable, chacun y cède; on entend hier: ''Ohé Lambert'' ou bien ''Et ta sœur?'' On chante ''Il a des bottes, Bastien!'' D'où viennent ces sornettes? Nul ne le sait: de quelque atelier de rapins sans doute; elles descendent dans la rue, passent en province et font souvent le tour du monde. Il y a quelques années, la mode était d'imiter un cabotin de vingtième ordre, dont l'unique mérite était d'avoir la voix éraillée; on n'y manquait nulle part, ni dans les brasseries, ni dans les salons. Cela s'appelle une scie, et c'est en réalité un instrument de supplice*. »

Naissance de l'opérette

Les Champs-Élysées ont aussi leur bal, le célèbre bal Mabille, avenue Montaigne, avec ses pelouses, ses corbeilles de fleurs,

30

31

* Maxime du Camp, *Paris, ses organes, ses fonctions, sa vie,* tome VI, page 296, 1879.

Hervé, le « compositeur toqué », créateur de l'opérette, caricaturé par Armand (32) *et par André Gill* (33). *Dans l'*Éclipse, *Gill charge aussi Offenbach* (34), *le polichinelle des « Bouffes parisiens », où les chanteuses Théo et Judic miaulent les couplets de ses opérettes.*

ses lampions multicolores et les rampes à gaz sous les grands arbres. Mabille est démoli en 1863, tandis que le bal Bullier, tout en haut du boulevard Saint-Michel, continue son chahut sur la rive gauche de la Seine. Valses, polkas, quadrilles, et bien sûr le cancan et le galop d'Offenbach. L'histoire des bals populaires et des cafés-concerts est inséparable de celle de l'opérette sous le Second Empire. C'est à Hervé* qu'on en doit l'invention.

* Florimond Rongé, dit Hervé, 1825-1892.

Son "Don Quichotte", qu'il interprète lui-même avec Joseph Kelm en 1847, est le premier essai d'opéra-bouffe en France. Chef d'orchestre au théâtre du *Palais-Royal* en 1851, il fonde en 1853, grâce à la protection du duc de Morny, le théâtre des *Folies Concertantes,* boulevard du Temple, qui deviennent bientôt les *Folies nouvelles*. Il se surnomme lui même « le compositeur toqué » (titre d'une opérette dont il est l'auteur en 1853) et emporte un tel succès que le chef d'orchestre du *Théâtre français,* un compositeur allemand nommé Jacques Offenbach (1819-1880), ouvre lui-même en 1855 son propre théâtre, les *Bouffes parisiens*. Dès la première année, ce sont les "Deux aveugles" et "Ba-Ta-Clan", chinoiserie musicale dont un célèbre café-concert prend le titre pour enseigne en 1863. Sur les livrets de Meilhac et Halévy, Offenbach compose une centaine d'opérettes, dont les plus connues aujourd'hui encore sont, entre autres, "Orphée aux enfers" (1861), "M. et Mme Denis" (1862), "la Belle Hélène (1864) où triomphe Hortense Schneider. Hervé, qui avait disparu entre-temps, revient à Paris. Il ne se contente pas d'être le chef d'orchestre de l'*Eldorado,* il compose la musique des chansons de Thérésa ("La Gardeuse d'ours", "C'est dans l'nez qu'ça m'chatouille", et une foule d'autres chansons de café-concert). Il reprend l'opérette qu'il avait abandonnée et les succès des deux compositeurs vont alors alterner. En 1867, c'est la "Grande Duchesse de Géroldstein" d'Offenbach et "L'Œil crevé" d'Hervé (300 représentations); en 1868, "La Périchole" du premier et "Chilpéric" du second; en 1869, "Le Petit Faust" d'Hervé...

L'opérette, comme la scie, a une influence directe sur le répertoire de café-concert. En 1885, Jules Lemaître note très justement

32

33 34

que « la blague s'est principalement épanouie dans l'opérette, et l'opérette a engendré la chanson d'aujourd'hui. ''Bu qui s'avance'', ''Sur le mont Ida trois déesses'', ''la Gantière et le Brésilien'', sont des types et des modèles nouveaux. M. Ludovic Halévy, neveu de l'auteur de ''La Juive'', et membre de l'Académie française, se trouve être un des pères intellectuels de la chanson de café-concert.

Il ne faut pas lui en vouloir, car d'abord il n'est pas responsable de cette postérité, et, d'ailleurs, parmi tant de productions stupides, parmi tant de scies à faire crier, on en rencontre qui sont drôles, sans grande finesse assurément, mais d'un burlesque bon enfant. La ''Femme de l'Astronome'', la ''Chaussée d'Antin'', ''De c'côté-ci, de c'côté-là'' ne sont pas des facéties absolument méprisables. »

En adoptant les scies qui courent les rues, ou les couplets les plus célèbres des opérettes, le répertoire de café-concert ouvre déjà la porte aux plus ahurissantes créations de Dranem ou de Georgius. Les critiques que l'on fait sous la Troisième République aux musiciens de café-concert rappellent étrangement celles qu'ont eu à subir les opérettes d'Offenbach sous le Second

Il y a comme une essence de crapulerie dans les nouveaux plaisirs de Paris. Tout ce que la musique et le rire ont d'ignoble et de dégradé, une sorte d'Opéra-Comique tombé dans le ruisseau avec des refrains d'idiot, la pastorale jouée en blague infecte sur des pipeaux de Daumier, des chants gâteux scandés par des joies épileptiques, voilà l'Opéra du voyou: l'Alcazar!

Edmond et Jules de Goncourt, *Journal,* 5 avril 1864.

Empire: «C'est par la déformation du dessin mélodique, le heurt des rythmes violents, la brutalité du cri remplaçant la voix, l'excès de sonorités des instruments qui l'accompagnent, que la chanson de café-concert arrive à produire son effet sur le public abruti, qui se complaît à ce genre de distraction. A l'attrait des obscénités et des grossièretés, vient s'ajouter celui du sans-gêne, dont on jouit dans ces établissements, où l'on peut garder son chapeau sur la tête et fumer, tout en dégustant un bock; où, grisé par l'atmosphère nauséabonde du tabac et des consommations, on peut reprendre en chœur le refrain idiot, que vocifère le chanteur, avec l'excitation nerveuse qu'y ajoutent les cuivres, la grosse caisse et le tambour. Les chansons de café-concert sont certainement la principale cause de la dépravation du goût musical en France, et ceux qui ont gardé quelque souci de l'état moral de la nation et de son développement intellectuel, ne peuvent qu'être profondément attristés du succès toujours croissant de ces grossières inepties, qui se propagent avec la rapidité d'une maladie épidémique et arrivent, pour ainsi dire instantanément, à la popularité que n'atteignent pas toujours, en de longues années, de véritables œuvres d'art*.»

Léo Claretie** a heureusement, comme Jules Lemaître, plus d'indulgence: «Elles ont pourtant leur intérêt, ces chansonnettes, et elles ne sont pas des documents négligeables, si l'on songe qu'elles représentent d'une façon tout à fait adéquate les goûts et les prédilections du gros public, de la masse. La littérature des cafés-concerts est l'expression des tendances de la foule et le résumé de l'esthétique populaire. Il y a un contact tout à fait direct entre la chanson et le peuple; la pénétration est intime; là, le public reprend souvent en chœur le refrain et obéit volontiers aux invitations qui terminent souvent le dernier couplet:

Chantez avec moi...
Répétez avec moi...»

Ce répertoire nouveau ne fait pas pour autant disparaître l'ancien. La romance du bon vieux temps reste bien vivante.

* Victorin Joncières, *Le Figaro illustré,* 1896.

** Léo Claretie, *La Revue Encyclopédique,* 15 août 1895.

35, 36, 37. *Butscha est le dessinateur préféré des éditeurs de « petits formats » et de chansonnettes éphémères.*

«On écrit encore beaucoup de romances aujourd'hui (écrit Jules Lemaître) — et toujours les mêmes romances, avec des fleurs, des oiseaux, tantôt des mélancolies de poitrinaires, tantôt avec la philosophie de Lisette et Musette. Et cela prend toujours, et toujours il y a des grosses femmes — et même des petites — qui «se sentent tout chose», et de braves bourgeois de Paris qui deviennent pensifs à les entendre. C'est encore, je crois, l'éternelle et immuable romance qui a le plus de succès dans les cafés-concerts, — avec les «scies» et les chansons proprement parisiennes.»

Il est en effet de bon ton de regretter les chansons de Désaugiers, de Nadaud, de Dupont. En réalité, celles dont on se souvient ne sont que les meilleures et (note encore Jules Lemaître) «on en a fait, autrefois comme à présent d'infiniment plates. Il y en a tant de telles, même parmi les plus applaudies de ces vieilles chansons. Si l'air n'en était tendre et joli, encore qu'un peu traînard et geignard, on s'apercevrait peut-être que la fameuse romance du ''Temps des cerises'' est écrite dans le plus pur charabia:

> Et dame Fortune, *en m'étant offerte,*
> Ne pourrait jamais *fermer* ma douleur.

Et c'est tout le temps comme ça. Les romances d'aujourd'hui ne peuvent pas être plus bizarrement écrites.» C'est ce que pense notre auteur en 1885 d'une romance écrite par Jean-Baptiste Clément en 1866 et sur laquelle Antoine Renard n'a déposé sa musique qu'en 1868.

Caf'-conc' et beuglants de quartiers

Les premiers cafés-concerts des boulevards font rapidement des petits. Pellagot fonde en 1859 le *Casino de la rue Cadet.* Jacquin fait fortune avec le *Casino du Palais-Royal,* 18, galerie Montpensier, le cède à Galopin, qui le transmet à son gendre Thibault; le *Café du Cadran,* à l'angle de la rue Montmartre et

35

36

37

156, QUAI D'AUTEUIL POINT-DU-JOUR
TOUS LES JOURS CONCERT A 2 HEURES
GRAND
DIMANCHES, LUNDIS JEUDIS JOUR & SOIR
CONCERT CADRAN
CADRAN
CADRAN
ENTRÉE ENTRÉE LIBRE TERRASSE BOCK 30c ENTRÉE LIBRE
INTERMÈDES ROMANCES VAUDEVILLES COMÉDIES OPÉRETTES CHANSONS
Messieurs
CASCABEL
VAUDRY
COSSET · ROUQUARI
STEPHANY
RIBERAL
RHEYAL
GEORGES
Mesdames
BELLONI
DUBRÉE · MARSY
LEMAIRE
B. LEGRAND
STELLA
RITA
CASIROLA
Chef d'Orchestre
SPECTACLE VARIÉ
Affiches Américaines CH. LEVY 76, Rue Chateau-d'Eau PARIS

38. *Au Point-du-Jour, au bout du quai d'Auteuil, où se retrouvent les mariniers et les canotiers, s'ouvrent des salles populaires, comme le* Grand Concert du Cadran *(il y a une horloge!), dont les affiches exagèrent naturellement le luxe et l'importance.* 39. *Au* Café-Concert de la Contrescarpe, *dit aussi* Folies Dauphine, *c'est dans la fumée des pipes en terre d'un public d'étudiants que les chanteuses tentent de se faire entendre. (Lithographie de Ch. Vernier, 1852).*

de la rue du Cadran (aujourd'hui rue Léopold-Bellan), dirigé par le jovial Hardy; le *Café du Cheval Blanc* ouvert en 1859 boulevard de Strasbourg en face de l'*Eldorado,* et le *Café des Folies,* très vite démoli; le *Café du Faubourg Saint-Antoine,* une grande salle populaire ouverte en 1863; le *Café du XIXe siècle,* 61, rue du Château-d'Eau, dans l'ancienne salle de l'*Eden-Comédie,* avec «sa tonnelle aux tantalesques *(?)* grappes de verre».

Parmi les concerts de quartiers, il faut citer les beuglants populaires, le *Café de l'Annexion* à la Chapelle, le *Café de la Réunion* à Belleville, le *Concert de l'Abbaye* à Montmartre, le *Concert des Oiseaux* à Ménilmontant. Mais aussi des établissements situés dans des quartiers tout aussi lointains, — au Point-du-Jour!

39

— le *Grand Concert du Cadran* et le *Concert des Bateaux-Omnibus,* respectivement aux numéros 156 et 160 du quai d'Auteuil,* sur les bords de la Seine, non loin des fortifications, dont la clientèle de mariniers et de canotiers vient sans façon manger une friture arrosée de vin de Suresnes en écoutant distraitement des chansons.

* Quai Louis-Blériot, entre la Maison de la Radio et le boulevard Exelmans.

BA-TA-CLAN!!
ENTRÉE DES CONCERTS

40, 41, 42. Ba-ta-clan, *gigantesque chinoiserie qui doit son nom à une opérette d'Offenbach, serait un concurrent redoutable pour l'*Alcazar *et l'*Eldorado, *si le public ne délaissait « cette pompeuse faribole » (Louis Veuillot).*

Il ne faut surtout pas oublier la rive gauche et le Quartier latin. Le *Café de la Contrescarpe* ou *Folies-Dauphine,* rue de la Contrescarpe-Dauphine, ouvert aux environs de 1860, est le plus célèbre: c'est celui que les étudiants appellent le *Café Beuglant,* ou tout simplement *le Beuglant.* La clientèle se soucie peu de ce qui se chante sur la scène puisqu'elle-même braille à tue-tête, en n'observant quelque répit qu'à l'entrée du comique. A partir de 1865, *le Beuglant* se transporte l'été avec chanteurs et clientèle à la pointe du *Vert-Galant,* derrière la statue d'Henri IV située sur le Pont-Neuf. Il a pour concurrent, à l'angle de la rue Soufflot et de la rue Victor-Cousin, le *Bœuf à l'huile,* ainsi nommé par la clientèle étudiante parce que le patron s'appelle Boffali. Ici, les artistes et les consommations sont moins douteux

qu'au *Beuglant*. Presque à l'angle du boulevard Saint-Germain et de la rue Saint-Jacques, les *Folies-Cluny,* dirigées par le père Adolphe, ne sont qu'une petite salle basse, traversée en son milieu par une colonne, où se mêlent les étudiants et le public populaire. Quant au *Chalet,* face au bal *Bullier,* en haut du boulevard Saint-Michel, c'est une baraque en bois au milieu d'un jardin, où le vacarme est tel qu'il n'est pas rare de voir le chanteur cesser de s'époumoner et les musiciens débordés poser leur instrument sans que le public manifeste la moindre surprise. Citons aussi le *Paradis latin,* 28 *bis,* rue du Cardinal-Lemoine, qui n'est café-concert que de 1889 à 1894 avant de devenir un théâtre de quartier, et que Jean-Marie Rivière a fait tout récemment renaître.

Mais les deux grands caf'-conc', l'*Alcazar* et l'*Eldorado,* les éclipsent tous, même «ce concurrent redoutable» (Larousse, 1867), *Ba-Ta-Clan.* Ainsi baptisé en hommage à la chinoiserie d'Offenbach sur un livret de Meilhac et Halévy, c'est d'abord une pagode sans spectacles chantants, 50, boulevard du Prince-Eugène (boulevard Voltaire). «*Bataclan* est un café chinois, mais digne de la civilisation moderne. La façade est toute peinte et dorée, et ornée de grotesques. La salle occupe l'emplacement d'une vaste maison; des guirlandes de gaz l'éclairent d'une façon originale. L'architecte a été si content de son œuvre qu'il l'a signée. Une centaine de personnes s'éparpillaient devant une scène où s'exerçait un médiocre jongleur. Des galeries vides, des tables inoccupées, des garçons qui se croisaient les bras. La faillite est venue s'installer dans cette pompeuse faribole. C'était noir» (Louis Veuillot). En 1863, *Ba-Ta-Clan* est repris par Brice, lorsque le *Café du Géant* est détruit dans la nuit du 30 avril par un incendie, et devient alors un véritable café-concert. Un chroniqueur évoque «sa construction toute chinoise. Vous vous croyez à Pékin ou à Yocohama.» (Ce qui prouve bien l'approximation du style oriental...) «L'intérieur y correspond parfaitement. Ce ne sont que magots et chimères, que bonzes et mandarins. D'ailleurs, vous y entendrez Mandarine en prenant votre chinois» (nous disons aujourd'hui «kumquat», petite

42

43

orange confite dans l'eau-de-vie). Quant à Brice, il persiste dans son emploi et Alfred Delvau demande: « Pourquoi *Ba-Ta-Clan* n'engage-t-il pas Rigolboche?... cela vaudrait mieux que son géant chinois. »

La « révolution » de 1867

L'année 1867 est certainement la plus importante depuis qu'est né le café-concert vingt ans plus tôt. Jusqu'à présent, les règlements de police interdisent aux artistes de porter une tenue « qui tendrait à empiéter sur le domaine des théâtres ». Après les campagnes menées par les amateurs de café-concert, les directeurs et les artistes eux-mêmes, le préfet de police, Symphorien Boitelle, persiste et signe une ordonnance en date du 1er juillet 1864 confirmant la demande d'autorisation préalable d'ouverture des cafés-concerts, qui n'était plus guère observée. Il rappelle que « les exécutions instrumentales ou vocales doivent avoir lieu en habit de ville, sans costume ni travestissement, sans décor et sans mélange de prose, de danse et de pantomime. » En effet, bravant les interdits, la chanteuse Chrétienno vient de créer avec Jules Perrin la première pièce jouée « en costume » sur la scène de l'*Eldorado*!

L'année précédente, Émile Mathieu avait résumé les doléances des artistes de café-concert: « Un peu plus de liberté aux cafés-concerts et on y découvrira les vrais talents de comédien: si les artistes hommes trouvent (en habit noir) le moyen de se faire une réputation, la liberté des costumes les ferait voir au grand jour et un brillant avenir serait assuré à beaucoup d'entre eux. »

Les défenseurs du caf'-conc' ont beau prouver qu'il ne fait aucune concurrence au théâtre (les horaires sont différents, la clientèle n'est pas la même); qu'il est « plus moral que le bal public, moins dangereux que l'estaminet »; qu'« il n'y a pas de journaux, par conséquent pas de conversations politiques », — rien n'y fait.

L'argument le plus sérieux est celui qui tend à prouver que

*Le règlement intérieur de l'*Eldorado *défendait aux artistes le plus petit accessoire — ne fût-ce qu'une canne ou un faux-col excentrique — sous peine d'une amende de 20 à 50 francs.*

Paulus,
Trente ans de Café-concert.

43. *C'est Rome à chaque vers, toujours Rome qu'on nomme!*
J'aime, après mon dîner, tous ces grands vers de Rome...

Le dessinateur Gédéon charge Mlle Cornélie, artiste de la Comédie Française, qui déclame Racine et Corneille dans la fumée des pipes.

le café-concert est une pépinière d'artistes pour les théâtres, et surtout les théâtres lyriques, et que bien souvent ils passent de l'un à l'autre. Le café-concert est même la seule école qui permette à l'artiste d'apprendre à affronter le public le plus difficile: «Les dispositions d'esprit qui animent le public des cafés-concerts ne sont pas les mêmes que celles du public au théâtre; on va au théâtre avec une ferme intention d'écouter; au café-concert, c'est tout le contraire; on y entre parce qu'on n'a rien de mieux à faire, on espère y rencontrer quelqu'un de connaissance, la plupart du temps s'occupant fort peu de ce qui se passe sur la scène, on cause à haute voix, on appelle le garçon pour avoir une allumette, en se retournant on renverse sa chope sur la robe d'une dame, puis des excuses, quelquefois même une longue conversation, en un mot, on fait comme chez *Papa!...* Oui, mais pensons un peu à l'artiste qui est en scène, croyez-vous qu'il soit à son aise en présence de ce bruit infernal: *«Garçon, du feu? Une glace, garçon? Voilà monsieur! voilà! Versez au huit, boum! Deux belles places par ici.»* Patatra! Une table a perdu son aplomb et dans sa chute elle entraîne un certain nombre de plateaux garnis de verres et de tasses, tout le monde de se lever, on regarde la figure du pauvre garçon qui répond de la casse, on crie *Bis!* Mais croyez-vous franchement que l'artiste, qui est en scène chantant une romance plantive, s'illusionne au point de croire qu'il chante au milieu du plus profond silence. Non, certes, il lui faut beaucoup de présence d'esprit et de sang-froid» (Émile Mathieu).

Le *Dictionnaire* de Pierre Larousse prend parti: «Au moment où nous écrivons ces lignes (avril 1867), une grosse question s'agite autour des *cafés-concerts,* qui voudraient bien devenir cafés-spectacles, c'est-à-dire exhiber des artistes costumés et jouer quelques bouts d'opérettes; mais jusqu'à ce jour, et malgré la loi qui proclame la liberté *des* théâtres (ne pas confondre avec la liberté *du* théâtre), l'autorité s'est opposée à toute innovation de ce genre. Malgré l'absurdité évidente d'une défense instituée sous le règne du privilège, on n'a pu obtenir encore que les chanteurs et chanteuses portassent un travestissement approprié

44

44. *C'est la tenue de Mlle Cornélie qui scandalise et enflamme les journalistes et les critiques : oser dire le répertoire classique en robe du soir ! Le « costume », jusqu'alors interdit au café-concert, est autorisé en 1867. C'est une révolution qui ouvre la porte à tous les travestissements.*

aux chansonnettes qu'ils débitent. L'apparition, d'ailleurs fort inattendue, d'une ex-tragédienne du Théâtre-Français, Mlle Cornélie, venant sur les planches de l'*Eldorado* réciter des morceaux de Racine et de Corneille, en robe de bal, a réveillé la question, qui ne dormait que dans les cartons du ministère, et qui ne peut manquer d'être résolue dans le sens de la liberté. »

L'*Eldorado* avait déjà vu se succéder trois directeurs, lorsqu'en 1862 Lorge supprime le renouvellement des consommations. C'est lui aussi qui, après avoir bravé en 1864 l'interdiction de jouer en costume, engage Mlle Cornélie à venir déclamer, en crinoline noire, le ''Songe d'Athalie'' et les ''Imprécations de Camille''. Le scandale est à son comble : jamais une tragédienne n'a osé dire le répertoire classique en costume de ville, jamais ce répertoire n'a été présenté sur une scène de café-concert, si luxueux soit-il. Les directeurs de théâtres se déchaînent. Ils ont tort. Car les critiques, Sarcey, Claretie, en venant se rendre compte sur place, donnent raison au café-concert. « Le succès de Mlle Cornélie a été le point de départ d'une guerre qui s'est terminée à l'avantage des cafés-concerts, écrit Francisque Sarcey dans le *Journal illustré* en octobre 1867. L'administration s'était émue de voir les œuvres des maîtres traînées dans des tabagies et elle avait mis son veto. Toute la presse à l'instant prit feu. Les articles succédèrent aux articles. On en vint à se demander pourquoi les cafés-concerts n'étaient pas libres comme les théâtres... Ils le sont, à présent ! » En effet, le 31 mars 1867, Camille Doucet*, directeur de l'administration des théâtres depuis 1863, cède et autorise les cafés-concerts à présenter des artistes travestis, à monter de petites pièces, des pantomimes, des numéros de danse et à changer leurs décors. Lorge, le premier, supprime la « corbeille » et ses « poseuses » chargées de donner à la scène, entre deux plantes vertes, l'illusion d'un salon bourgeois.

D'autres traditions ne changent pas, ou du moins pas encore. L'habitude, notamment, de placer à l'affiche les artistes par ordre d'ancienneté dans l'établissement, le dernier arrivé prenant la dernière place : le vedettariat n'existe pas encore. Les pro-

* Camille Doucet (1812-1895), auteur dramatique, membre de l'Académie française en 1865, dont il devient le secrétaire perpétuel en 1876.

45

46

grammes portent des numéros, et les chanteurs (parfois les titres des chansons) sont annoncés sur une pancarte, la «planchette», accrochée sur le côté de la scène. En Angleterre, l'entrée des artistes est signalée de façon différente. Le «chairman», assis sur une petite estrade, tourne le dos à la scène; devant lui, sur une tablette, une petite glace lui permet de voir sortir l'artiste et entrer le suivant. Il se lève et annonce à haute voix son nom, il donne le signal des applaudissements, et les fait cesser d'un coup de marteau. La position du «chairman» face au public lui permet à la fois de mener le spectacle — et de faire la police de la salle. Cette tradition est un souvenir des anciennes «goguettes» qui étaient autrefois dirigées par un président monté sur une estrade, tandis que les chanteurs qu'il désignait se levaient dans la salle à tour de rôle.

Dans les années 1860, la «quête» est une tradition en voie de disparition dans les cafés-concerts. «Disparue de Paris (écrit un chroniqueur en 1866), elle s'est réfugiée honteusement dans les cafés-concerts de banlieue, dans les troupes nomades de foire, dans les casinos borgnes des villes de garnison et des ports de mer [...] Il n'y a pas quinze ans, on voyait aux cafés-concerts des Champs-Élysées les dames artistes, les plus jeunes et les plus séduisantes, parcourir à tour de rôle les rangs des auditeurs, une corbeille à la main, et recueillir l'offrande de chacun, enveloppée dans un sourire, un madrigal... ou une obscénité!»

André Chadourne décrit les réactions du public d'une banlieue lointaine: «Peu à peu la salle s'est remplie, et bientôt le piano attaque la célèbre valse: "Premier baiser". L'assistance, prise d'entrain, fredonne l'air, et plus d'un gars du pays en murmure sentimentalement les paroles à l'oreille d'une jouvencelle ravie. Le morceau achevé, une ritournelle lui succède; en un clin d'œil

Traditions du café-concert. Tandis qu'à Londres le « chairman » annonce à haute voix le programme en regardant les entrées en scène dans une glace posée devant lui (45, *dessin de Roedel en 1893*), *en France le nom de l'artiste est inscrit sur une planchette placée à droite de la scène* (50). *La quête des origines* (46) *et des beuglants de province* (47, *par H.-G. Ibels*) *tend à disparaître, mais non l' « audition » non payée du débutant et de la débutante* (48, *vue en 1895 par Steinlen*).

bondit sur l'estrade une pimpante soubrette qui rossignole un refrain en levant la jambe et en retroussant un tantinet son cotillon de laine rouge. « Bravo ! » crie-t-on de toutes parts. On la rappelle. A peine a-t-elle, par une deuxième apparition, contenté son public, qu'elle descend et va promener une petite bourse à travers les tables. Comment refuser à tant de gentillesse ? Les mains se vident. Elle remercie avec grâce et s'en retourne en sautillant. Autre artiste, autre quête. Après la femme, l'homme, et parfois l'enfant. Ainsi de suite jusqu'à épuisement complet du programme. Quelques auditeurs maugréent intérieurement, mais la physionomie à la fois luronne et triste de ces cigales les séduit, et ils acquittent leur tribut. »

Il arrive qu'au cours d'une matinée ou d'une soirée, apparaisse sur la « planchette » ce simple mot: « *Audition* ». Il s'agit d'un malheureux débutant qui affronte le public pour la première fois. « Pour le directeur (écrit Jacques-Charles), bon ou mauvais, c'est toujours un numéro qui ne coûte rien... » En effet, le débutant n'est jamais payé; seul le succès devant le public peut lui assurer un contrat. Les artistes restent alors fidèles à leur directeur. Comment feraient-ils autrement ? Certains signent des contrats qui les lient pour dix ans, et les clauses qui prévoient les cas de rupture sont si lourdes que rares sont ceux qui ont les moyens de rompre, sauf lorsqu'un autre directeur, avec lequel ils signent un nouveau contrat tout aussi exorbitant, leur fait l'avance du dédit.

48

Les artistes de café-concert ne jouissent d'ailleurs pas d'une excellente réputation dans le monde. Les demi-mondaines et les actrices de théâtre regardent les chanteuses comme des inférieures et les tiennent à l'écart; elles forment une caste à part et ne sont pas reçues dans les salons. Quant aux hommes, à la sortie du concert, après onze heures, ils n'ont d'autre distraction que d'aller finir la nuit au café, pour y jouer au billard ou aux dominos, aux cartes ou au jacquet, en attendant d'affronter le lendemain un public toujours inattendu. Kam-Hill fait cette confidence à Jules Bois: « Au café-concert, on ne saurait croire combien le public est instable, jamais le même, un jour vous

47

49. *Dessin de Steinlen (1895).* 50. *« Très pschutt maintenant, le café-concert! Plus rien du beuglant d'antan. Les hommes y viennent en habit, consommer pour leurs trois francs d'horribles breuvages, et entendre des princesses authentiques, qui chantent aussi faux que des artistes de profession ». Job remarque déjà en 1884 une décadence du café-concert populaire envahi par les snobs et les « pschutteux » du boulevard.*

tombez sur une indifférence de glace, il faut se donner une peine énorme pour réchauffer ces âmes peu enthousiastes; d'autres fois, tout est pour le mieux, il suffit que l'on paraisse pour que ça aille à souhait. Les applaudissements d'eux-mêmes éclatent, et chaque artiste s'en retourne à sa loge avec sa petite ovation. Pour moi, il me semble que l'auditoire le meilleur c'est encore celui des matinées du dimanche; des bourgeois qui veulent se rendre compte, qui se donnent la peine d'écouter, ils comprennent et il n'est pas d'effet voulu qu'ils ne soulignent aussitôt. Quant au public du samedi, existe-t-il, à proprement parler? Il se modifie constamment. Jamais un samedi on n'a pu savoir si une chanson nouvelle pouvait prendre; en principe comme en fait, il n'en est pas qui soit partie du premier coup*. »

* *Le Courrier Français*, 19 juillet 1891.

Il existe aussi, il est vrai, un public d'habitués qui viennent tous les soirs, pendant des années, à la même place, suivre les « progrès » d'une jeune personne, — ou tout simplement par passion du spectacle.

Ce public, Edmond et Jules de Goncourt le voient de façon bien pessimiste, en 1865, à l'*Eldorado:* « Une grande salle circulaire avec deux rangs de loges, plaquée d'or et peinte de faux marbre; des lustres aveuglants de lumière; un café là-dedans, noir de chapeaux d'hommes; des bonnets de femmes de barrière; militaires: des enfants en képi; quelques chapeaux de putains avec des commis de magasin, quelques rubans roses de femmes aux loges; l'haleine visible de tout ce monde, un nuage poussiéreux de fumée.

49

Au fond, un théâtre avec une rampe; là-dessus, j'ai vu un comique en habit noir. Il a chanté des choses sans suite, coupées de gloussements, de cris de basse-cour en chaleur, d'une gesticulation épileptique, — la danse de Saint-Guy de l'idiotisme. La salle était enthousiasmée, délirante... Je ne sais, mais il me semble que nous approchons d'une révolution. Il y a une pourriture de bêtise dans le public, un rire si malsain qu'il faudra un grand bouleversement, du sang, pour changer l'air, assainir jusqu'au comique. »

Dans cinq ans, les vœux des frères Goncourt seront exaucés.

50

Chantée tous les soirs
à l'Alcazar d'été.

LA NOUVELLE CHANSON DE

THÉRÉSA

Paroles de H. Bedeau.
Musique de A. de Villebichot.

LA NOURRICE SUR LIEUX

I

J'sons v'nue exprès de Bourg en Bresse,
Où qu' j'ons sevré l' fruit d' mon amour;
Pour nourrir le fils d'une comtesse
J' donnons six pintes de lait par jour.
On a mille francs, c'est une bonne place;
Mais comme nourrice on doit noter
Que chez madame il faut que j' fasse,
Quinze mois d' veuvage sans m'arrêter.

C'est dur, mais nom de d'là,
Faut pas d' bêtises dans c' métier-là.

II

J'ons fièr'ment du cœur à la b'sogne,
On sait c' que c'est que d' travailler;
Mon nourrisson vous a un' trogne
Qui prouve qu'on connaît son métier.
C' qui fait qu' je l' soigne bien davantage,
Personne d' vous n' s'en étonnera,
C'est qu' quand commenc'ra son sevrage,
Alors seulement l' mien finira.

C'est dur, mais nom de d'là!
Faut pas d' bêtises dans c' métier-là.

III

L'autre jour j'ons vu monsieur l' comte,
Qu' madame embrassait on n' peut mieux,
Et tout d' suite je m' suis rendu compte
Pourquoi j'étions en nourrice sur lieux.
Avec son p'tit mari, madame
D'vant moi n' devrait pas être si bien,
Ell' d'vrait ménager un' pauvr' femme
Qui pendant quinze mois n'a pas l' s'ien.

C'est dur, mais nom de d'là!
Faut pas d' bêtises dans c' métier-là.

IV

Mais v'là t'y pas que d' Bourg en Bresse
L'autr' jour mon homme vient d'accourir;
Il avait pris la grande vitesse,
Tant il était pressé d' venir.
J' vous l'on t'y reçu comme un caniche:
Monsieur, qu' j'y dis, vous n'êtes qu'un s'rin;
Avec son d'voir faut pas qu'on triche,
Vous r'partirez dès d'main matin.

C'est dur, mais nom de d'là,
Faut pas d' bêtises dans c' métier-là.

51

Thérésa, la Patti de la chope

En attendant, que viennent-ils donc faire au milieu de ce public qu'ils traitent avec mépris? Entendre Suzanne Lagier, peut-être, dont ils rapportent avec gourmandise les mots dans leur *Journal*, — «du Rabelais mimé, tout chaud, tout gras, trempé dans de l'argot de coulisses et de bordel.» Ou quelque autre chanteuse «genre Thérésa»? Car, en 1865, Thérésa, «l'Étoile de l'Alcazar», a déjà quitté l'*Eldorado*.

Lorsque Emma Valadon (1837-1913) fait ses débuts au *Café Moka*, rue de la Lune, où l'a fait entrer Darcier, le *Tintamarre* écrit: «Thérésa a une bien grande bouche pour un si petit établissement.» Personne plus qu'elle n'attirera autant de critiques acerbes et d'admirations sans bornes. Fille d'un tailleur et ménétrier de village du Perche venu à Paris pour y jouer du violon dans les bals, elle entre en apprentissage à douze ans chez une modiste. Cela ne dure guère et elle réussit le tour de force de se faire renvoyer dix-huit fois en deux ans des ateliers où elle est placée. Elle est danseuse, caissière, elle joue un petit rôle au *Théâtre de la Porte Saint-Martin* en 1856. Elle débute l'année suivante au *Café du Géant*, à l'*Alcazar*, part en province avant de revenir à Paris au *Café Moka* et à l'*Eldorado*. C'est alors une médiocre chanteuse de romances. A la fin de l'année 1864, le soir du réveillon, chez Lorge, directeur de l'*Eldorado*, qui a invité son ami Arsène Goubert, le directeur de l'*Alcazar*, Thérésa en gaieté chante à la charge une chanson de Manzini, ''Fleurs des Alpes'', avec l'accent allemand et en tyroliennisant le refrain!

A peine sortis dans la rue, Goubert offre à Thérésa trois cents francs au lieu de deux cents pour venir chanter à l'*Alcazar* et au *Pavillon Morel* des Champs-Élysées des romances... comiques. Son succès est immédiat: un mois à peine après son engagement, tout Paris connaît Thérésa et veut la voir. Lorge tente de la reprendre en lui proposant six cents francs. Thérésa refuse et rapporte à Goubert la proposition de son ancien directeur:

— Comment? [...] on vous offre six cents francs et vous n'acceptez-pas?

51. *André Gill est un des premiers à caricaturer Thérésa à l'époque de ses triomphes, en 1866.*

52

53

— Non ! Je suis fidèle et reconnaissante.

— Ma foi ! vous avez bien tort ! Car jamais je ne vous en donnerai autant !...

Sans hésitation alors, Thérésa signe un contrat avec le directeur de l'*Eldorado*. Le directeur de l'*Alcazar* est effondré ; il accepte de lui verser la même somme — et de payer la moitié du dédit de deux mille francs réclamé par Lorge. Mais Goubert s'obstinant à ne lui donner que mille francs par mois, Thérésa rompt à nouveau son contrat pour revenir chez Lorge qui en offre quinze cents. Goubert contre-attaque avec une nouvelle proposition, et Thérésa quitte l'*Eldorado* pour l'*Alcazar*... Lorge intente alors un procès spectaculaire à Thérésa, qu'elle perdra, mais lui assurera définitivement la célébrité.

En hiver rue du Faubourg-Poissonnière, en été aux Champs-Élysées, Thérésa est la première étoile de café-concert à déplacer

52-53. *Darjou et Grévin illustrent les partitions des chansonnettes et des paysanneries créées par Thérésa.*

les foules. Il faut l'avoir vue! Les critiques de théâtre eux-mêmes s'assoient devant une consommation pour l'entendre. Ils sont surpris, et désarmés. La princesse de Metternich vient l'écouter à l'*Alcazar* et la fait venir à Compiègne, où Thérésa débite son répertoire devant l'Empereur et la cour... Elle est invitée à chanter dans les salons aristocratiques du Faubourg Saint-Germain. Elle s'attire aussi et ainsi le fiel des chroniqueurs: « Quand Thérésa jase de *sa gloire,* sa vaste bouche ne suffit plus à contenir les mots boursouflés qui s'y entassent et les bouffées d'encens qu'elle exhale. » De 1864 à l'Exposition universelle de 1867, Thérésa assure le succès des deux *Alcazar.* « La bière et le café qu'on sert là sont donc supérieurs à la bière et au café des autres buvettes parisiennes? Oh! non. Mais alors pourquoi consent-on à les payer plus cher qu'ailleurs? Pourquoi? Parce que Thérésa, la Patti de la chope, chante deux ou trois fois dans la soirée des chansons composées exprès pour elle, paroles et musique, par Houyot et Villebichot: "Rien n'est sacré pour un sapeur", la "Déesse du Bœuf gras", "C'est dans l'nez qu'ça m'chatouille", et autres poésies de premier ordre... » (Alfred Delvau).

« Le fait est que le talent de Thérésa était apprécié de différentes façons. Il y avait les Versaillais et les radicaux: les Versaillais étaient scandalisés, les radicaux enthousiasmés.

Les opinions de la presse étaient aussi très partagées: le *Tintamarre* jubilait comme un effronté et la *Revue des Deux-Mondes* rougissait comme une rosière... de trente-cinquième année... »

Ces « Versaillais », ainsi que l'écrit Touchatout (Léon Bienvenu) dans le *Trombinoscope* paru un an après la Commune, s'inquiètent d'entendre Thérésa chanter à la *Gaîté* en 1869 la chanson des "Canards Tyroliens":

Quand les canards s'en vont en tas,
C'est qu'ça leur plaît, ça n'nous r'gard' pas...

Mais il est de fait que cela regarde la police, car le droit de réunion est toujours interdit... même aux canards!

Cette « Étoile de l'Alcazar », « l'Alboni de la canaille », « l'Her-

Quand les canards s'en vont par deux,
C'est qu'ils ont à causer entre eux.
Les passants n'y comprennent rien;
Mais eux, malins, s'entendent bien,
Y s'disent comm'ça des jolis riens:
Coin, coin, coin.
Quand c'est des canards tyroliens:
La y tou, la y tou.

FOLIES DRAMATIQUES
POUR LA RENTRÉE DE Melle
THERESA
CHILPÉRIC CREVÉ
HERVÉ

54

OSCAR

55

Ainsi qu'aux temps lontains où les agonothètes
Provoquaient des jeux grecs le transport consulsif,
Tu trônes, Θερεσα dans l'Alcazar massif,
Colossale, au-dessus d'un océan de têtes.

(*Le Parnassiculet contemporain,* 1872, fantaisies et pastiches de Paul Arène et Alphonse Daudet).

56

54. *Thérésa vue par André Gill en 1867, et Suzanne Lagier en 1866.* 56-57. *Les mêmes gestes de « l'Hercule Farnèse de la chansonnette » se retrouvent sur la photographie de l'époque et sur l'affiche.*

* *Les Odeurs de Paris,* 1866.

* Louis Veuillot ignore-t-il la signification de l'expression familière «un beau brin», ou veut-il souligner la prononciation de sa voisine?

cule Farnèse de la chansonnette», comme d'autres l'ont surnommée, Louis Veuillot ne la ménage pas*: «Je ne la trouvai point si hideuse que l'on m'avait dit. C'est une fille assez grande, assez découplée, sans nul charme que sa gloire, qui en est un, il est vrai, de premier ordre. Elle a, je crois, quelques cheveux; sa bouche semble faire le tour de la tête; pour lèvres, des bourrelets, comme un nègre; des dents de requin. Une femme auprès de moi l'appelait «un beau brun»*. En somme, — mais j'ai peut-être aussi un rayon de gloire dans l'œil, — ce n'est pas la première venue.

Elle sait chanter. Quant à son chant, il est indescriptible, comme ce qu'elle chante. Il faut être Parisien pour en saisir l'attrait, Français raffiné pour en savourer la profonde et parfaite ineptie. Cela n'est d'aucune langue, d'aucun art, d'aucune vérité. Cela se ramasse dans le ruisseau; mais il y a le goût du ruisseau, et il faut trouver dans le ruisseau le produit qui a bien le goût du ruisseau. Les Parisiens eux-mêmes ne sont pas tous pourvus du flair qui mène à cette truffe. Lorsqu'elle est assaisonnée, ils la goûtent. Notre chanteuse a ses trouvères attitrés qui lui proposent l'objet, et elle y met supérieurement la sauce.

Elle joue la chanson autant qu'elle la chante. Elle joue des yeux, des bras, des épaules, des hanches, hardiment. Rien de gracieux; elle s'exerce plutôt à perdre la grâce féminine; mais c'est là peut-être le piquant, la pointe suprême du ragoût. Des frémissements couraient l'auditoire, des murmures d'admiration crépitaient dans la fumée des pipes, à certains endroits dont l'effet, cependant assuré, défie toute analyse. Dites pourquoi l'Alsacien s'épanouit à l'odeur de la choucroute?

La musique a le même caractère que les paroles; un caractère de charge corrompue et canaille, et d'ailleurs morne comme la face narquoise du voyou. Le voyou, le Parisien naturel, ne pleure pas, il pleurniche; il ne rit pas, il ricane; il ne plaisante pas, il *blague;* il ne danse pas, il *chahute;* il n'est pas amoureux, il est libertin. L'art consiste à ramasser ces ingrédients dans une chanson, et les auteurs y arrivent neuf fois sur dix, la chanteuse aidant. Le succès est en rapport avec la dose.

Tout cela sent la vieille pipe, la fuite de gaz, la vapeur de boisson fermentée; et la tristesse réside au fond, cette tristesse diserte et plate qu'on appelle l'ennui. La physionomie générale de l'auditoire est une sorte de torpeur troublée. Ces gens-là ne vivent plus que de secousses; et la plus grande raison du succès de certains « artistes », c'est qu'ils donnent la secousse plus forte. Elle passe vite, l'habitué retombe dans sa torpeur. Le spectateur d'occasion se hâte de sortir et d'aller respirer l'air pur de la rue.

Pour être juste, ces représentations sont bien organisées, et j'ai pleinement admiré l'art du programme. La grande chanteuse est entourée de satellites très inférieurs. Son morceau est précédé d'une avant-garde de romances nigaudes, l'on place au plus près tout ce qu'il y a de douceâtre: ''Faites un nid!'' Et, après ce fromage blanc, tout de suite, l'ail et l'eau-de-vie surpoivrée, le tord-boyaux tout pur de la demoiselle. Le heurt est violent, et comme on dit dans la langue du lieu: *Ça emporte la gueule*.

Mais cette gueule, puisque gueule il y a, cette gueule animale ne savourera plus le pain, ni l'eau, ni le vin, ni les fruits, et il faut lui offrir désormais une chair corrompue. »

Laurent Tailhade voit Thérésa de façon fort différente: « A la romance jocrisse, pleurarde et sentimentale, sans apprendre ni changer quoi que ce soit à la musique de serinette, aux poèmes biscornus, elle donna l'accent du ruisseau, le ton de la crapule, à ces balivernes séraphiques. Elle renversa le piment et le poivre de Cayenne dans les fades confitures qui, depuis l'ère philippienne, rancissaient mélancoliquement sur les pianos bourgeois [...].

58

58. *Au* Café du Bas-Rhin *(sic), beuglant du Quartier latin : « artistes à 2 fr. par jour ; accompagnateur à trente sous. Talents fumés. » (Dessin de Sahib, 1869).*

59. *Les livres de souvenirs des vedettes ne datent pas d'hier. Thérésa est une des premières à publier en 1865 des* Mémoires *« écrits par elle-même »... dont les journaux citent les noms des auteurs. La presse est aujourd'hui plus discrète.*
60. *Tabagie.*

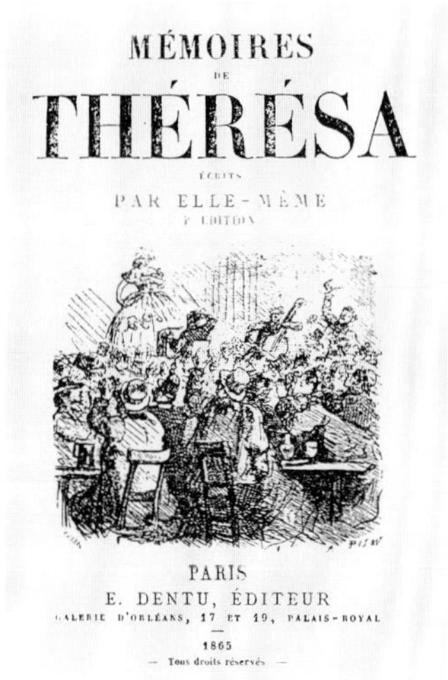

59

Quand elle parut, avec son masque de louve, sa taille maigre et déhanchée, avec ses bras trop courts, ses belles mains qu'elle ne ganta plus depuis certain soir où l'Empereur en avait fait l'éloge, avec sa voix qui mordait, riche en inflexions, Thérésa prit immédiatement sur la foule une autorité qui n'appartient qu'aux rois de scène, aux artistes souverains. Tout ce que nous savons de Frédérick Lemaître, de son emprise, de la fascination qui émanait de sa personne, Thérésa nous l'a rendu palpable et véridique. Un geste, une modulation imprévue, un cri, un soupir? Il n'en fallait pas davantage à cette Melpomène d'estaminet pour incendier les cœurs ou susciter le rire formidable que la Grèce prête aux Immortels*. »

Après la guerre de 1870, Thérésa, d'abord trop maigre pour être jolie, et devenue trop forte pour être belle, va changer de répertoire: « Thérésa, à quelques exceptions près, a exploité un répertoire navrant, déplorable. A qui la faute?

Au goût du public qui était ce qu'il pouvait être à une époque malsaine, où tout étant pourri en haut, rien ne pouvait vibrer en bas.

Thérésa a été l'artiste populaire autant que le goût du jour le lui permettait.

Si son auditoire, au lieu de lui imposer les malpropretés qui suintent sous les bas empires, avait exigé d'elle qu'elle n'interprétât que des œuvres propres, rustiques et fortes, elle eût été bien plus complètement la grande artiste du peuple, le Darcier-même, en un mot, d'un art dont elle possédait et possède encore toutes les qualités et toutes les ressources.

D'ailleurs, et nous sommes heureux de le constater, Thérésa, depuis quelque temps déjà, s'est peu à peu dégagée du répertoire ordurier et inepte dont l'Empire avait répandu le suave parfum sur tous les arts » (Touchatout).

Elle chante maintenant "La Glu" de Jean Richepin, "La Terre" de Jules Jouy, "Le Bon Gîte" de Paul Déroulède. « On lui a tant dit que sa diction et son jeu étaient merveilleux de largeur, que tout en elle est allé en s'élargissant, son geste et son débit, sa bouche et son buste, et qu'elle ne peut plus chanter

* *Quelques fantômes de jadis.*

maintenant la moindre ritournelle sans « l'élargir », sans la rendre solennelle et démesurée. C'est égal, elle est encore bien bonne à entendre » (Jules Lemaître). Georges Montorgueil la voit « tout en gueule, bien musclée, hanchée crânement, vivandière du dernier bataillon impérial ; » et Edmond de Goncourt, tristement, méchamment, en 1884 : « La vieille Thérésa, avec sa lippe de l'homme à la tête de veau... »

La conclusion revient à Touchatout : « Thérésa a fait école. Beaucoup de grues ont cherché à l'imiter ; mais il est arrivé ce qui arrive toujours en pareil cas : elles n'ont, le plus souvent, réussi qu'à copier ses défauts, et ont créé l'ère funeste des *prima-gueula* de la chope. »

En 1891, Thérésa revient encore à l'*Alcazar* et au *Concert Parisien*. En 1893, elle donne une représentation d'adieux à la *Gaîté :* après quarante ans de café-concert, Thérésa se retire dans la Sarthe pour vingt ans de retraite.

Chanteuses excentriques

Thérésa n'est pas la seule femme au café-concert à faire preuve de dons comiques. Suzanne Lagier (1832-1893), robuste fille du Nord, commence à treize ans une carrière de comédienne ; ses débuts à l'*Eldorado* ne datent que de janvier 1865. « Le passage d'une comédienne de la valeur de Suzanne Lagier sur la scène des cafés-concerts (écrit Henri de Pène) ne doit pas être pour ceux ci un simple succès ; il faut en faire une date dans leur histoire, un argument en leur faveur, un signe de leur seconde manière. » Et, de fait, les critiques de théâtre, Nestor Roqueplan, Henri Rochefort, Albert Wolff, les frères Goncourt, etc., vont prendre l'habitude d'entrer, parfois, dans les cafés-concerts. Quant à Suzanne Lagier, elle comprend vite quel répertoire adopter pour plaire à ce public populaire : ''On n'peut plus

61

renouv'ler'', ''les Mémoires de Chonchon'', ''On a d'ça''. Ses amis de café (car elle fréquente les cafés littéraires du boulevard) ne tarissent pas d'anecdotes drôles et salées sur le personnage (les Goncourt rapportent qu'elle menace un de ses nombreux amants: «Si tu ne me fais pas jouir, j'te casse la gueule!»), mais elle n'est pas pour autant appréciée de tous. Alfred Delvau écrit en 1867, après le départ de Thérésa: «Le vide qu'avait laissé à l'*Alcazar* son absence est amplement comblé par la grasse Suzanne Lagier, — une forte chanteuse, dont l'influence a un instant contrebalancé celle de Thérésa, et qui ne tardera sans doute pas à faire tout à fait oublier cette rivale pendant si longtemps préférée. Il paraît que chaque soir, à l'*Alcazar,* Suzanne Lagier soulève des tempêtes admiratives et qu'on la porte en triomphe; cela m'étonne un peu: quoique passablement délurée et même grivoise, il lui manque un petit

62

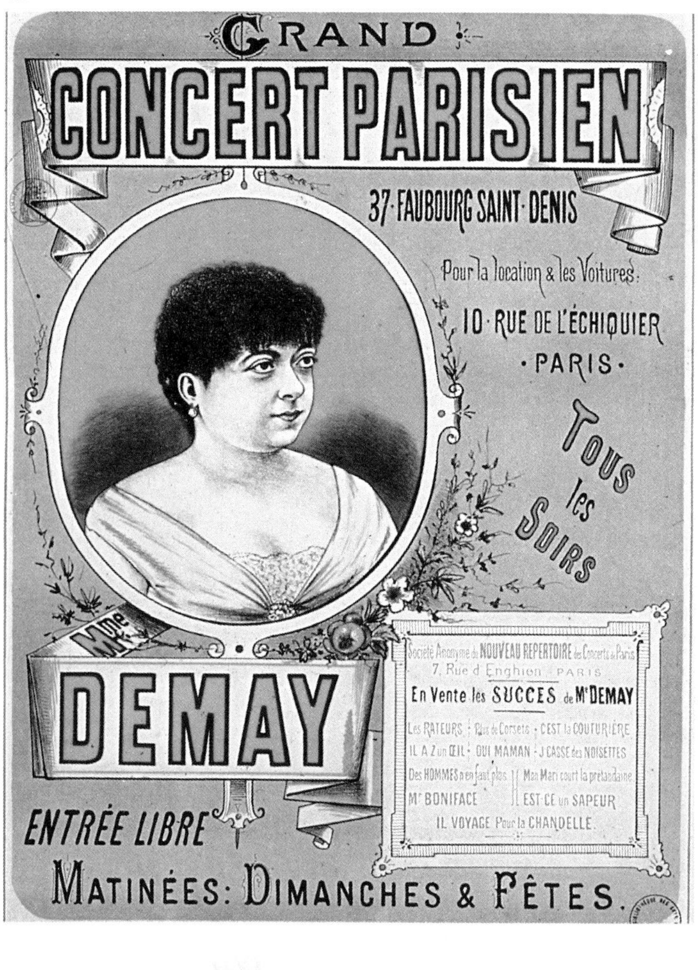

63

Les chanteuses excentriques se multiplient. 61. *Suzanne Lagier, l'amie des Goncourt.* 62. *Demay, dont Ernest Renan est un des admirateurs.* 63. *Bonnaire, idole du public populaire.* 64. *Marguerite Dufay et son trombone (dessin de l'affiche de Louis Anquetin pour le* Concert de l'Horloge*).*

64

chic canaille qui donnait un si violent relief aux chansons de Thérésa... Le public aurait-il mis de l'eau dans son vin, ou Suzanne Lagier du vitriol dans son cassis?... »

Une autre excentrique, par contre, suscite l'admiration d'Ernest Renan (!), c'est Demay, dont Jules Lemaître écrit: « Plantureuse et foisonnante, elle a une trogne hilare, toute en avant, arrondie comme une pomme, une grande bonté dans la bouche, une joie irrésistible dans les yeux, une diction franche et directe, une articulation irréprochable, une voix bien timbrée, sans bavure, singulièrement mordante et coupante, qui vous entre dans l'oreille avec la netteté d'une balle à pointe d'acier, — et gaie avec cela! Les chansons qu'elle nous chante ont du moins, dans leur grossièreté, de la verve et quelque couleur. C'est la "Valse des pieds de cochon", l'histoire des amours d'une charcutière, inspirée peut-être du *Ventre de Paris*. « Leurs mains, dit Émile Zola, se rencontraient dans le hachis. » Il n'y a pas, dans la chanson de Mlle Demay, de traits de cette beauté. Pourtant, ces vers modestes ont bien leur prix:

> Il m'appelait son andouille chérie;
> Je l'appelais mon cher petit... salé,
> ....
> Lui, pendant c'temps, s'offrait d'la nourriture, etc.

Le "Piston d'Horace" (avec ce refrain: « Ah! joue, joue, joue plus fort! ») n'est pas non plus à mépriser. Vous vous rappelez les vers d'Anacréon, tant de fois imités: « Je voudrais être la brise qui frôle tes cheveux, la robe qui presse tes flancs, ton soulier, ton miroir, etc. » Or, Mlle Demay, éperdue d'amour, finit par dire à son joueur de piston:

> Je voudrais êtr' la chaise de bois blanc
> Où tu t'assieds, — afin de mieux t'entendre.

66

65

Ce trait n'est-il pas digne de Piron ? Et quelle délicatesse dans celui-ci :

Ah ! fais un *couac !* Ça s'rait un' preuv' d'amour.

Enfin la ''Femme athlète'' [paroles de Delormel et Laroche, musique de Louis Byrec], qui est une poésie de moindre valeur à mon sens, a toutefois un refrain des plus heureux :

Moi, j'cass' des noisettes
En m'asseyant d'ssus !

Et Mlle Demay le dit comme un ange ! »

Pour ne pas s'étonner de ces louanges, il faut savoir ce que le même Jules Lemaître écrit des chansons scatologiques : « Elles ont du moins ce mérite d'être inoffensives ; et puis, que voulez-vous ? elles font rire tout de même, malgré qu'on en ait, parce que nous sommes des enfants jusqu'à la mort, et que ce comique-là, cher à Rabelais, est celui que les enfants comprennent le plus tôt et qui les divertit le plus. » La chanson de café-concert fait une consommation effrayante de farineux, de tables de nuit, de purges et de clystères. Paulus raconte que, pendant la guerre de 1870, le curé des Ponts-de-Cé ayant appris la présence d'un chanteur parmi les militaires, lui demande de chanter le ''Noël'' d'Adam à la messe de minuit. Le lendemain, le curé l'invite à déjeuner et le prie, au dessert, de le régaler des paroles du ''Fantassin malade'' :

Ah ! que de fois j'ai dit au maître,
Avec des larmes dans les yeux :
— Permettez-moi d'aller aux lieux,
Aux lieux qui m'ont vu naître !

A une époque où l'entrée des cabinets d'aisance porte le

65. *Demay chante "La femme athlète" :*

Moi, j'cass' des noisettes
En m'asseyant d'ssus !

66. *Paula Brébion, croquée par Toulouse-Lautrec, chante coiffée d'un képi, comme le fera aussi Jane Bloch, si gracieuse à vingt ans* (67), *mais qui joue de son embonpoint pour chanter "la Matchiche"* (68, *page suivante).*

nombre 100 ("Sens !"), ne nous étonnons pas que Joseph Pujol, le Pétomane, déchaîne des hurlements de rire au *Moulin Rouge,* en 1892.

Mais que sont ces chanteuses excentriques auprès de Thérésa ? « Rien du tout », avoue Bonnaire à Jules Lemaître. Elle est pourtant l'idole de son public populaire. A quinze ans déjà, deux fois par semaine, elle obtient un tel succès dans un caf'-conc' de quartier que son patron augmente son cachet de un franc ! Elle fait alors la joie des beuglants du Quartier latin par son caractère de bonne fille tapageuse et cocasse. Elle n'hésite pas à s'interrompre pour faire part de ses réflexions à ses auditeurs :

— Bon Dieu, qu'il fait chaud !

Ou pour interpeller le public :

— Fermez donc la porte, là-bas, on gèle !

Elle devient une étoile de l'*Alcazar* et reste huit ans à l'*Eldorado*. Au *Concert Parisien,* elle finit par gagner 5 000 F d'appointements mensuels.

Paula Brébion (née en 1860) est une brune plantureuse qui chante dans les années 1890-1900, coiffée d'un képi, "Le Départ des bleus". Jane Bloch (1858-1916) porte aussi le képi et tire des effets comiques de sa petite taille et de son embonpoint. On la surnomme « Tanagradouble ». A la différence de nombre de ses consœurs, elle est douée d'une réelle finesse d'esprit et d'un sens comique qui ne tient pas qu'à son tour de taille. Ses débuts, vers 1880, ne passent naturellement pas inaperçus. En 1886, c'est une vedette de la *Scala*. Sanglée dans un uniforme, elle joue les colonel "Ramollot" (elle fréquente le cabaret du *Chat Noir* et y fait connaissance de son auteur, Charles Leroy), aussi bien qu'elle emprunte à Aristide Bruant ses chansons réa-

67

68

Les cafés-concerts ont leurs grands directeurs, tels que Ducarre (70), *leurs marchands de chansons* (72, *dessin de H.-G. Ibels) qui vendent dans la salle les feuilles ou les recueils* (69) *pour permettre au public de reprendre en chœur au refrain, tandis qu'aux* Ambassadeurs (71) *les soupeurs du balcon oublient tout à fait le spectacle.*

listes. Jane Bloch crée des revues, des vaudevilles, des opérettes. A la *Cigale,* dans une scène d'amour, son partenaire Claudius la saisit dans ses bras sans parvenir à l'enlacer. Quelqu'un lance: « Eh, Claudius! Fais deux voyages... » Jane Bloch rit avec la salle et semble s'amuser sur scène autant que les spectateurs. Ils savent lui en être reconnaissants. La dernière apparition de Jane Bloch sur une scène est en compagnie... du nain Delphin.

Petits formats et Fol'-Berg'

* *Des chansons populaires,* tome II: *Étude sur la Chanson des rues contemporaine* , 1867.

Paradoxalement — tandis que Charles Nisard* souligne que l'accueil réservé à la chanson dans les milieux aristocratiques et la grande consommation que l'on en fait encouragent les auteurs à toujours mieux faire, — on remarque la disparition d'un vieux type parisien, le chanteur des rues. Ce personnage familier fait place au marchand de chansons, qui ne chante plus que les couplets de celles dont il vend les « petits formats », tandis qu'un accompagnateur râcle son violon ou (beaucoup plus tard) joue de l'accordéon. Partout on trouve de petits cahiers posés le long des muretins qui bordent les jardins, suspendus à des ficelles tendues, fixés aux palissades des travaux que le baron Haussmann dirige dans Paris. On en vend non seulement à la porte, mais aussi dans la salle même des cafés-concerts, sous des couvertures lithographiées, parfois coloriées au pochoir, signées Ancourt, Durandeau, Stop, Darjou, Donjean, Punch, Faria, Butscha, Albert Humbert, Ganglof, Spahn, Clérice, Pousthomis, Falco, Lemaresquier, etc., et plus tard par des artistes tels qu'Ibels, Steinlen et même Tréclo (Toulouse-Lautrec).

70

On ne fait plus seulement que boire et que fumer dans les cafés-concerts. En 1887, Ducarre, qui a un passé de restaurateur, prend la direction des *Ambassadeurs* aux Champs-Élysées et transforme la salle: la toiture, très haute, permet l'installation d'un balcon qui reçoit les dîneurs. Les *Ambass'* deviennent plus chers mais plus chics que l'*Alcazar d'été*. Plus tapageurs aussi: les « pschutteux » qui soupent au balcon jettent

69

71

leurs épluchures sur les spectateurs de l'orchestre, et il n'est pas rare que la police soit obligée d'intervenir dans cette salle chahuteuse.

En 1868 (année de publication de la *Lanterne* de Rochefort, mais aussi de la loi qui autorise les réunions dans un local clos et couvert, sans caractère politique ou religieux, sur simple déclaration préalable), s'ouvre au n° 13, boulevard de Strasbourg, le café-concert du *Cheval Blanc,* qui deviendra la *Scala* en 1876, — juste en face de l'*Eldorado*. Ce sera le début d'une petite guerre des cafés, qui s'achèvera en 1892 lorsque les deux établissements rivaux passeront sous la même direction. Au cours de la même année 1868, le café de la *Gaîté,* boulevard Rochechouart, à Montmartre, devient aussitôt que né la *Gaîté-Rochechouart,* pour se distinguer de la *Gaîté-Montparnasse,* que Jamin ouvre rue de la Gaîté, à Montparnasse. Toujours en 1868, le *Casino de Paris* ouvre rue de Lyon, puis en 1890 au n° 16, rue de Clichy, où il devient music-hall.

Au 32,rue Richer, un grand magasin de literie, *Aux Colonnes*

72

73

TOUS LES SOIRS A 8 HEURES
32, RUE RICHER
FOLIES BERGÈRE
TRAVAUX DE VOLTIGE · BALLETS
PANTOMIMES · OPERETTES
O. MÉTRA
ET
SON ORCHESTRE
J. Chéret 75
PRIX UNIQUE 2.Fr à toutes places non-louées
IMP. J. CHÉRET, 18, R. BRUNEL, PARIS.
Folies Bergère Chéret

FOLIES-BERGÈRE
TOUS LES SOIRS
A 8 HEURES
OPÉRETTES
PANTOMIMES
GYMNASTES
BALLETS · CLOWNS
32
RUE RICHER
O. MÉTRA & SON ORCHESTRE
A TOUTES PLACES
NON LOUÉES
2F

Une vapeur de tabac voilait un peu, comme un très fin brouillard, les parties lointaines, la scène et l'autre côté du théâtre. Et s'élevant sans cesse, en minces filets blanchâtres, de tous les cigares et de toutes les cigarettes, cette brume légère montait toujours, s'accumulait au plafond et formait, sous le large dôme, autour du lustre, au-dessus de la galerie du premier chargé de spectateurs, un ciel ennuagé de fumée.

Guy de Maupassant,
Bel-Ami, 1885.

Pages précédentes:
73-74, *affiches des* Folies-Bergère *par Jules Chéret et Charles Lévy, 1875.*
75 à 80. *Le répertoire polisson et scatologique, chanté aussi bien par Paulus et Yvette Guilbert que par des artistes de moindre importance, donne bien des soucis aux services de la censure.*

d'Hercule, ouvert en 1860, s'adjoint en 1863 une salle de spectacles, qui finit par absorber tout le magasin en mai 1869. Elle est immédiatement surnommée « Salle des Sommiers élastiques ». Albert Boislève ferme la salle en août, la rouvre en septembre, ferme à nouveau en mars 1870 et cède la place à un nouveau directeur: ce sont les *Folies-Bergère*. On y joue un vaudeville en décembre 1870, pendant le mois le plus pénible du siège de Paris, et la salle doit encore fermer sous la Commune, en mars 1871.

La Commune de Paris n'est pourtant pas si désastreuse pour les cafés-concerts. Touchatout a raison de parler des radicaux et des « Versaillais » à propos de Thérésa. La Comédie-Française, avec ''Phèdre'', fait une recette de 54 F, tandis que l'*Eldorado* enregistre durant la Commune une moyenne de 1 000 F par représentation: le public des théâtres est à Versailles, celui des cafés-concerts, le vrai public populaire, est resté à Paris !

En novembre 1871, le calme revenu, Léon Sari transforme complètement les *Folies-Bergère,* agrandit la façade et, surtout, ajoute un promenoir où les petites femmes du quartier Bréda viennent faire leur persil. Le succes des *Fol'-Berg'* est dû aussi à la qualité de son orchestre, de ses ballets et de ses exhibitions, qui annoncent le music-hall.

Après avoir connu plusieurs directions, l'*Horloge,* aux

75

76

77

Champs-Élysées, est reprise par l'Autrichien Stein en 1871, qui engage les grandes vedettes du jour. C'est un café-concert d'un caractère moins excentrique que l'*Alcazar d'été,* presque familial. Entre deux numéros, Duhem, l'administrateur de l'*Horloge,* fait sonner un timbre. C'est un imitateur et chanteur comique, auteur de plus de quatre mille chansons, qui, vêtu de noir, interprète en lançant alternativement un bras et une jambe, une scie fameuse: "Tant pis pour lui, tant mieux pour elle". La veuve de Stein engage Yvette Guilbert en 1891, puis revend l'*Horloge* à Debasta, qui la repasse à Oller: l'*Horloge* devient alors le *Jardin de Paris.*

Titine est née à Grenelle,
Tant mieux pour elle!
Et Guguss' nez aplati,
Tant pis pour lui!

La censure des théâtres et de la chanson

Nouvelle date importante dans l'histoire du café-concert: la censure préalable de la chanson et des théâtres, supprimée en 1870 par Jules Simon, est rétablie (naturellement) par le même ministre (naturellement) le 2 février 1874.

«A la suite de toute révolution (remarque Maxime du Camp en 1879), la censure s'effondre et le pouvoir croit faire acte de popularité en la supprimant. Il suffit de voir ce qui se passe alors pour comprendre qu'elle peut n'être pas inutile. La scène devient

78

79

80

81. *Anastasie, la censure, par Steinlen (La Chanson des Cabots de P. Chambot et A. Girier, 1895).*
82. La Pépinière *est le café-concert populaire où se retrouvent les « gens de maison », domestiques, cochers, cuisinières et femmes de ménage. Dans leur répertoire, les chanteurs leur réservent toujours quelques couplets vengeurs contre les patrons. (Gravure de Félix Vallotton, 1893).*

immédiatement un tréteau, où les grivoiseries, pour ne pas dire plus, s'étalent impudemment. » Maxime du Camp justifie lui-même ainsi l'existence d'« Anastasie » et de ses ciseaux castrateurs: « Tout s'enchaîne en matière de gouvernement: permettre d'insulter Dieu, c'est nuire au garde champêtre. L'administration supérieure considère qu'il est de son devoir rigoureux de défendre contre les attaques possibles la religion, les mœurs, la politique, les puissances étrangères dont il est inutile, sinon périlleux, de surexciter les susceptibilités; en outre, l'on estime que les œuvres théâtrales écoutées par la foule agglomérée, sujette à des sortes de commotions électriques, exercent une influence rapide et communicative bien plus profonde que celle du livre ou celle du journal, qui n'agissent jamais que sur les individus isolés; il est donc naturel que l'on ait constitué une commission d'examen chargée de porter un jugement préalable sur les pièces, avant qu'elles soient livrées au public: c'est la censure. »

L'Inspection des Théâtres du sous-secrétariat d'État aux Beaux-Arts, 3, rue de Valois, voit tous les jours auteurs dramatiques, directeurs de théâtres et de cafés-concerts, auteurs de chansons et compositeurs, venir plaider leur cause (ou la faire plaider par une jolie chanteuse) pour obtenir le « visa ». Les demandes restent souvent à l'examen, sauf cas d'urgence, trois semaines ou davantage. Il est fréquent que les censeurs demandent aux auteurs des suppressions ou des changements, d'autant plus cocasses qu'ils interviennent parfois à la rime et rendent alors la chanson plus idiote qu'elle n'était. Eugène Héros* laisse entendre que cette censure est surtout responsable des innombrables sous-entendus qui échappent à la vigilance des inspecteurs:

* *Les Lyriques,* 1898.

DECLAT: Il y a trente-six manières de rouler la censure.

MENAUD: Est-ce vrai qu'il y a deux ans ils demandaient la musique?

DECLAT: Parfaitement. C'est après ma chanson les *Rouleaux de papier;* la musique coupait après *pa* et on répétait, ça faisait les *Rouleaux de pa-pa.*

VIBERT: Oui je me souviens. C'est comme pour la parodie

81

AH !
LA PÉ ... LA PÉ ...
LA PÉPINIÈRE !!!
REVUE
en deux actes et quatre tableaux de M.M.
ALBERT PAJOL et ADOLPHE COUTURET
AIRS NOUVEAUX MUSIQUE ARRANGÉE et BALLET de M. JACOUTOT.
Costumes dessinés par JAPHET exécutés par Mme Louise CAFFARD décors de M. MENESSIER
DISTRIBUTION
M.Mmes DAMOYE, la Pépinière - MELPY, la Mère Python, la Brigadière, 1re Coltineuse, la France - DELLY-MÔ, l'Omnibus nocturne, 3me Agent, Un Poney, le sou Italien, la Russie - JAMES, Marchande de poissons, l'Ouvreuse.
DEBAY, la Buvette, 2me Agent, Un Poney, le sou Anglais, Madame Satan - EMILIENNE, Une Artiste, Un Python, Un Poney, la Prétentaine - TERVILLE, le Ridicule, 1er Agent, Un Poney, le Baiser - KERSIN, l'Habit noir, Un Jockey, l'Affiche Artistique.
MONTIGNY, Un Télégraphiste, 4me Agent, 2me Coltineuse, la Perruche, le Chat du Diable - CARBET, l'Avre, l'habit jaune, Un Jockey, la Demoiselle des Fêtes - SAINT-LOT, la Félicudaire, l'Habit vert, Un Jockey, la Valkyrie, la Paix - MARTHELETTY, Un Python, la Parisienne
DALIGNY, Un Python, l'Habit rouge, Un Jockey, l'Orthographe
M.Mrs RANSARD, le Boulevard - HELT, le Régisseur, l'Envoûteur, 2me Médecin, le Dompteur - DUREL, Un Monsieur, Un Cocher, 5me Médecin, Un Candidat, 1er Napoléon - MAX-HIM, le Soleil, l'Ambulancier, 3e Médecin, Un Candidat, le Beau bat d'l'air
ALBENS, le Paysan, Un Soldat, Un Malade, Sarah - RENNEVAL, le Chef d'Orchestre, Paris, 2me Médecin - FERNANDEZ, Un Machiniste, Un Vitrier, Un Marin Belge, Un Gardien, l'Académicien, Un Candidat, Deuxième Napoléon
DESFORGES - Un Pompier, Un Détenu, 4e Médecin, Un Candidat, Un Ours - LUCIEN, Un Marchand d'habits, Un Soldat, Un Afficheur, Un Ours
Tous les Soirs à 9½ h. DIMANCHES et FÊTES MATINÉES à 2 HEURES.
F. VALLOTTON
PAJOL & Cie Editeurs 27, Rue Bergère

83

83. *Affiche de Choubrac contre la censure.*

de *Si les femmes savaient, si Gustave savait,* je me rappelle le vers:

Si ma tante en avait fait prendre,

on chantait: *Si ma tante en avait, si ma tante en avait fait prendre;* ils n'y ont vu que du feu.

VILDIEU: Également pour *Mon p'tit cha, mon p'tit chapeau couleur crème,* mais c'est vieux jeu. Ils ne coupent plus là-dedans [...].

DECLAT: Ça passe encore. La semaine dernière, j'ai fait passer:

Viens te rouler dans la mer,
Dominique!

et on prononce: *Viens te rouler dans la mer D... ominique!* Et ma fameuse:

Lucie,
J't'en r'mer... cie!

En ce moment on peut les tromper avec la prononciation. Je vous citerai:

C'est pas d'l'amer,
ça,
C'est pas d'l'amer,
ça,
c'est du chocolat!

Je vous assure qu'on comprend très bien et:

Dans les sentiers remplis de merles,

il ne faut pas être Yvette Guilbert pour l'articuler, et le *Scieur*:

Je scie partout,

et le *Claqueur :*

Je bisse partout,

pas besoin d'être Auvergnat ou Alsacien pour prononcer le *c* ou le *b* comme il convient. C'est ainsi qu'on remporte des succès. [...]

VIBERT: J'ai un truc, je mets deux ou trois mots très raides que j'enlève pour faire passer les autres, c'est ce que j'appelle la nourriture de la Censure. »

La censure n'a jamais disparu. Ce n'est qu'au début du siècle, au cours d'un vote du budget des Beaux-Arts, que les postes de censeurs sont supprimés, mais non leur fonction...

Pour des raisons politiques, la situation des cafés-concerts n'est guère brillante à l'aube de la Troisième République. Pendant la crise déclenchée par Mac-Mahon en 1877, avec le cabinet Broglie-Fourtou et à la faveur du décret du 29 décembre 1851, de simples cafés se trouvent livrés à l'arbitraire du pouvoir exécutif. Pendant les mois qui suivent le 16 mai et jusqu'en octobre, au moment où la Chambre recouvre sa majorité républicaine, on assiste à la fermeture de plus de deux mille deux cents cafés dont les propriétaires sont connus pour leurs opinions libérales. En abrogeant la loi de 1851, celle du 17 juillet 1880, aux premiers mois de la République, a par contre pour effet immédiat d'augmenter considérablement le nombre des débits de boisson, donnant ainsi l'essor à la belle époque de l'alcoolisme français.

En 1889, André Chadourne écrit sans rire: « On peut donc affirmer sans crainte: c'est par suite de l'avènement du régime républicain, de l'influence des idées démocratiques, de la transformation générale des mœurs et, aussi, de la crise financière et commerciale qui sévit sur tant de points, que le mouvement vers les cafés-concerts s'est accentué au point d'acquérir une effrayante prospérité. » Maxime du Camp confirme par avance, dix ans plus tôt, cette vision réactionnaire: « Dans les ateliers, la paye se fait ordinairement tous les quinze jours, le samedi; la semaine qui suit est, en grande partie, perdue pour le travail, et beaucoup d'ouvriers prolongent « le lundi » jusqu'au jeudi et

84, 85, 86. *De la chanson colonialiste (''Trabadja la mouker, trabadja bono'') dont on a oublié l'insanité des couplets (« On pille et l'on chaparde / Dans la razzia / Mais dans le gourbi / En f sant du fourbi / Fatma qui sourit / Fait cocu l'Arbi ») aux couplets vibrants du ''Père la Victoire'' dédiés « au petit-fils du grand Carnot », les chansons patriotiques préparent la Revanche.* 87. *Chrétienno crée ''Alsace-Lorraine'' en 1871.*
Pages suivantes: 88-89. *Affiches de la* Scala *et de l'*Horloge, *« seul concert couvert en cas de pluie ».*

jusqu'au vendredi [...]. A voir impartialement le fond des choses, on reconnaît que le plus souvent l'ouvrier demande un gros salaire, non pas pour épargner et assurer la paix de sa vieillesse, mais pour s'amuser et pour se jeter à travers les jouissances brutales où l'homme se complaît. A ce besoin malsain suffisent à peine 180 cafés-concerts, 238 bals publics et près de 25 000 débits de boisson, munis de 7 226 billards. »

Il faut ajouter, pour compléter ce tableau, que la seule ville de Paris compte alors 41 salles de théâtre et 17 autres situés dans les quartiers voisins des fortifications, ceux dans lesquels les embellissements d'Haussmann, au centre de la ville, ont contraint les classes les plus pauvres à se réfugier, cette « ceinture rouge » cernant les quartiers riches et bourgeois.

Larousse, dans le supplément paru en 1877, dresse un inventaire des principaux cafés-concerts nés depuis dix ans, en les classant comme il se doit par ordre alphabétique: les deux *Alcazar;* l'*Alhambra;* les *Ambassadeurs; Bataclan;* le *Cadran,* quai d'Auteuil; le *Concert de la Pépinière,* rue de la Pépinière (où se retrouvent par prédilection les cochers et les gens de maison, d'où son répertoire irrévérencieux pour les maîtres); le *Café de l'Espérance,* rue de Clichy; l'*Eldorado;* les *Folies-Bergère;* l'*Européen,* ouvert dans le quartier de l'Europe, 5, rue Biot; le *Grand Concert Parisien,* au n° 37 de la rue du Faubourg-Saint-

84

85

86

*1870: bataille de Sedan et déchéance de Napoléon III. A l'*Ambigu, *Arnaud lance* le Sire de Fisch-ton-Kan, *paroles de Paul Burani, musique d'Antonin Louis:*

V'là le sir' de Fisch-ton-Kan,
Qui s'en va-t-en guerre,
En deux temps et trois mouv'ments
Sens devant derrière...

Denis sous la direction de Régnier, surnommé « Kosmydor » (car il est aussi l'inventeur d'une eau de toilette qui porte ce nom), à la clientèle mêlée de cocottes (dans les baignoires) et d'ouvriers (au fond de la salle et dans les galeries supérieures); ce café-concert est si long, si étranglé, qu'il est difficile d'y circuler et d'y voir la scène; c'est la raison pour laquelle son entrée principale est, depuis 1909, située au n° 10 de la rue de l'Échiquier (c'est le *Concert Mayol*); le *Jardin Concert d'été*, rue du Château-d'Eau; enfin *Valentino,* célèbre bal populaire.

Chansons patriotiques et revanchardes

87

*Chrétienno (Marie Chrétiennot, née en 1840) débute en 1859 au théâtre de Belleville sous le nom d'« Alexandrine ». En 1864, elle joue une pièce en costume sur une scène de café-concert. Elle est, en 1871, la créatrice d'*Alsace-Lorraine *et de* la Paysanne lorraine.

La chute de l'Empire et la Commune de Paris font naître une foule de couplets et de complaintes d'actualité; ce sont plutôt des canards et des refrains des rues que de vraies chansons de café-concert. Ainsi, Chrétienno, sous la Commune, ne chante le plus souvent que des romances. Mais dès septembre 1871, elle crée "Alsace-Lorraine" à l'*Eldorado,* chanson dédiée « aux villes de Strasbourg et de Metz », paroles de Villemer et Nazet, musique de Ben Tayoux, chanson éternellement d'actualité, puisqu'elle renaît à la gare de l'Est à chaque conflit franco-allemand (1914-1918, 1939-1945, etc.).

Désormais, les chansons patriotiques vont verser l'héroïsme au cœur des citadins, entretenant dans le peuple l'imagerie de la Revanche: le soldat français de 1870 était plus brave que son partenaire, le soldat prussien, mais nous avons été écrasés par le nombre. Honneur donc aux "Cuirassiers de Reichshoffen", que chante Rosa Bordas (paroles de Villemer et Nazet, musique de Francis Chassaigne, chanson créée par Gaultier aux *Ambassadeurs* et Viala à l'*Eldorado):*

Ils sont tombés vaincus par la mitraille
Et non par ceux qui tremblaient devant eux.

C'est une mince consolation pour les régiments sacrifiés à la retraite de Mac-Mahon.

Vous n'aurez pas l'Alsace et la Lorraine
Et malgré vous, nous resterons Français.
Vous avez pu germaniser la plaine,
Mais notre cœur, vous ne l'aurez jamais!

CONCERT
LA
SCALA
TOUS
LES SOIRS
À 7 H 1/2
SPECTACLE
CONCERT
Nº 13
BOULEVARD DE STRASBOURG
DIMANCHES & FÊTES :
CONCERT DE JOUR
IMP. E. LÉVY, 13, R. DE LA JUSSIENNE, PARIS.

Champs Elysées
GRAND CONCERT
DE
L'HORLOGE
TOUS LES SOIRS
SEUL CONCERT COUVERT EN CAS DE PLUIE
ENTRÉE LIBRE
DIMANCHES & FÊTES : MATINÉES

90

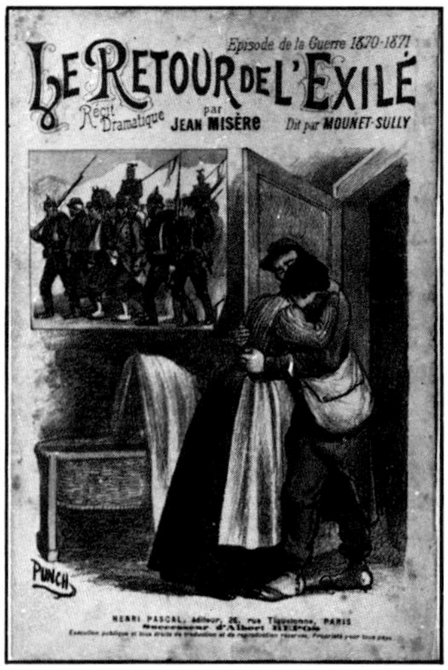

91

92

93

94

95

Rosa Bordas (Rosalie Martin, 1840-1901) a fait ses débuts au *Concert Parisien* en 1869: cette Méridionale solide devient «la Bordas». Vêtue d'un peplum de laine blanche, les bras nus, la chevelure répandue et frémissante, elle incarne le peuple subversif. Elle lance ''La Canaille'' (Darcier et Bouvier):

La canaille?
Eh bien, j'en suis!

A la déclaration de la guerre de 1870, elle chante ''La Marseillaise'', un drapeau à la main, puis encore ''La Marseillaise'' le 4 septembre 1870 aux Tuileries. C'est «la Rachel du peuple», une chanteuse pour monuments historiques: sous la Commune, elle reprend ''La Canaille'' à l'Hôtel de Ville. Après la guerre, elle continue de chanter la Revanche, l'Armée, la République, et même la Concorde universelle (''Appel aux nations'').

Amiati se fait une spécialité des chansons consacrées à «nos provinces perdues». Elle avait déjà créé ''Le Clairon'' de Paul Déroulède en 1869:

L'air est pur, la route est large,
Le Clairon sonne la charge,
Les Zouaves vont chantant,
Et là-haut sur la colline,
Dans la forêt qui domine,
Le Prussien les attend.

100

96

97

98

99

LE VIOLON BRISÉ
Simple Histoire
Racontée
par
adame AMIATI
à
la Scala
Paroles de
RENÉ de St PREST et L. CHRISTIAN
Musique de
V. HERPIN
L. BATHLOT & JOUBERT, Editeurs, 39, Rue de l'Echiquier, Paris
Tous droits d'Exécution, de Traduction & de Reproduction Réservés

Pages précédentes, 80 *à* 101. *De toutes ces chansons patriotiques, au milieu desquelles on reconnaît la Bordas chantant ''La Marseillaise''* (95) *et Paul Déroulède en uniforme de zouave* (100), *''Le Violon brisé'', chanté par Amiati à la* Scala, *restera la plus célèbre*. 102. *Les* Folies-Bergère *à la grande époque des revues.* *(Nous retrouverons l'affiche de Barrère en couleur page 179).*

Dix ans plus tard, pendant l'Exposition universelle de 1878, le public, debout, crie: « Vive la France ! » et les zouaves viennent à l'*Eldorado* jeter leur chéchia sur la scène.

Toujours à l'*Eldo,* Amiati crée encore en 1871, devant une salle en délire, ''Le Maître d'école alsacien'' (paroles de Villemer et Delormel, musique de Benza):

La patrouille allemande passe,
Baissez la voix, mes chers petits;
Parler Français n'est plus permis
Aux petits enfants de l'Alsace.

et ''Qu'on se souvienne'' (''imprécation patriotique'', paroles de Burani, musique de Pourny):

O France ! ô France ! que ton cœur
Palpite de rage et de haine,
Et des outrages du vainqueur,
Qu'on se souvienne !

102

A la *Scala,* quelques années plus tard, c'est "Le Violon brisé" (paroles de St. Prest et L. Christian, musique de V. Herpin):

> Ils ont brisé mon violon
> Parce que j'ai l'âme française,
> Et que, sans peur, aux échos du vallon,
> J'ai fait chanter "la Marseillaise"!

On ne peut naturellement oublier "L'oiseau qui vient de France" (Frédéric Boissière):

> Sentinelles, ne tirez pas,
> C'est un oiseau qui vient de France!

et "Le Fils de l'Allemand" (paroles de Villemer et Delormel, musique de Paul Blétry) qui franchit naïvement les bornes:

> Va, passe ton chemin, ma mamelle est française,
> N'entre pas sous mon toit, emporte ton enfant,
> Mes garçons chanteront plus tard "la Marseillaise",
> Je ne vends pas mon lait au fils d'un Allemand!

Ces nobles sentiments de la femme lorraine entreront dans le début des années 1950 dans le répertoire ironique de Christian Borel et des cabarets de Saint-Germain-des-Prés, avec des chansons sociales ("La Tasse de lait", Senga-Gabaroche) ou dramatiques ("Le Train fatal", Pothier-Borel-Clerc), qui n'ont pas résisté à la dure épreuve du ridicule.

Nouveaux cafés-concerts

On assiste à un nouvel avatar des *Folies-Bergère* en 1880. Léon Sari décide de consacrer la salle à des concerts de grande musique patronnés par Gounod, Massenet, Saint-Saëns et Delibes, sous le nom de *Grand Concert de Paris.* La tentative est de courte durée. Les *Fol'-Berg'* sont en faillite en 1885 et reprises par M. et Mme Allemand, les directeurs de la *Scala,* rivale de l'*Eldo.* Leur neveu, Edouard Marchand, en est le

103

103. *« Maman, on me pince ! — Ne réponds pas. »*
*L'*Eden, *en effet, est un café-concert familial où la mère, dit-on, peut mener sa fille. (Dessin de Lunel).* 104. *Populaire et bon enfant,* Bobino, *encore et toujours.*

GRAND CONCERT
DES
FOLIES-BOBINO
20-RUE DE LA GAITÉ
MONTPARNASSE
TOUS LES SOIRS
SPECTACLE VARIÉ
INTERMÈDES
A TOUTES PLACES
40c
MATINÉES
Dimanches & Fêtes
PLACES RÉSERVÉES
75c
·ENTRÉE LIBRE·
PARIS. AFFICHES AMERICAINES. CH. LEVY, 76, Rue Château-d'Eau.

véritable animateur ainsi que celui de l'*Eden* de Trouville, et il est un des premiers directeurs français à voyager beaucoup, aujourd'hui à Londres, demain à Vienne, à la recherche d'une attraction inédite ou d'un «clou». En 1886, les *Folies-Bergère* montent la première revue à grand spectacle, "Place aux jeunes" (il n'est jamais trop tôt) et Marchand introduit en France les premières «girls», découvertes en Hongrie...

Bobino, qui se déplace depuis 1812 dans le quartier, s'installe en 1880 au 20, rue de la Gaîté, avec son public populaire et étudiant et son répertoire mi-caf'-conc', mi-chansonniers.

L'*Eden-Concert,* 17, boulevard de Sébastopol, fondé en 1881 dans la remise d'un grand magasin par Castellano, est dirigé par Mme Saint-Ange, qui en fait une salle pour public familial; les chansons, par ses soins, sont sévèrement expurgées. Francisque Sarcey (qui écrit en 1894: «La troupe de l'*Eden-Concert* est supérieure en son ensemble. Je n'en sais pas à Paris qui lui puisse être égalée.») y organise avec le chansonnier Ernest Chebroux les «Vendredis de la Chanson» pour réagir contre le répertoire inepte et grivois: Villé et Dora chantent de vieilles chansons devant un public bourgeois épanoui. En 1895, l'*Eden* émigre rue du Faubourg-Montmartre.

L'*Alcazar d'hiver,* après avoir accueilli en 1870 le poète Albert Glatigny, qui fut le premier à composer des "chansons express" sur des rimes lancées par le public, vacille de 1883 à 1885. Sauvé par le retour de Thérésa, il tourne au théâtre en 1891, sans succès, revient au café-concert en 1896 et finit par être démoli. *Bijou-Concert,* situé en face et dont on vante les stalles «délicieusement rembourrées», n'atteint pas les années 1890.

Par contraste, la longévité du *Concert Pacra* peut surprendre (il ne porte ce nom que depuis 1925). Sur l'emplacement d'un relais d'omnibus est ouvert en 1885, au n° 10 du boulevard Beaumarchais, le *Grand Concert de l'Époque.* C'est une petite salle circulaire, malcommode pour les artistes, mais qui facilite

105

105. *« A quand les débuts de M. de Lamartine ? » demande le dessinateur Carlo Gripp en voyant le poète Albert Glatigny jongler avec les rimes des premières « chansons express ».* 106. *Jules Pacra, fondateur du* Grand Concert de l'Époque.

107. *Paulus, le « gambillard », fait autant pour sa gloire que pour celle du général Boulanger en chantant en 1886 ''En revenant de la revue''. Boulanger tient à applaudir lui-même et à lui être présenté dans un salon. (Dessin d'Uzès).*

le contact avec le public populaire. Aristide Bruant le dirige un moment et cède la place à Ernest Pacra (1862-1925). Fils du chanteur Jules Pacra, fondateur de la mutuelle des artistes devenue maison de retraite de Ris-Orangis, Ernest Pacra abandonne le métier de typographe pour une carrière de vingt-cinq ans de café-concert. En 1908 il débaptise la salle du boulevard Beaumarchais et lui donne le nom de *Chansonnia*. A sa mort, sa veuve le rebaptise *Concert Pacra* en hommage à son mari. Jusqu'en 1962, nombreux sont les chanteurs qui devront à Mme Pacra de se faire entendre. *Pacra,* transformé alors en *Théâtre du Marais,* est au cours des journées de mai-juin 1968 le quartier général des artistes de variétés.

106

Événement à l'*Alcazar d'été* en 1886: Paulus y crée ''En revenant de la revue''.

107

108 *à* 114. *Le répertoire de Paulus est d'une grande variété et la plupart de ses chansons resteront longtemps célèbres.*

Paulus, le ''gambillard''

Avec Paulus, le café-concert connaît enfin une vraie vedette, un pendant masculin au succès de Thérésa. Cet enfant du Sud-Ouest, né à Bayonne et élevé à Bordeaux, après divers petits métiers et petits cachets en province, monte à Paris où il a un premier engagement sérieux au *Concert du* XIXe *siècle,* rapidement suivi d'un contrat d'un mois à compter du 1er avril 1868 à l'*Eldorado*. Il a 23 ans. Paralysé par le trac, il est résilié, mais dans sa dernière semaine se détend, s'améliore et signe pour la saison d'été au *Jardin Oriental* de Toulouse. C'est là qu'il crée son premier succès, ''Les pompiers de Nanterre''. C'est là aussi, s'inspirant d'un groupe de danseurs excentriques vus à Paris, les Clodoches, qu'il esquisse son jeu de scène: « C'est de ce jour que je pris l'habitude de corser mes ritournelles d'un pas de danse expressive. » Après un passage à l'*Alcazar* de Marseille, il retourne en 1868 à Toulouse et est engagé pour l'hiver au *Casino* de Lyon. Après la guerre, il passe l'été 71 et 72 aux *Ambassadeurs* et entre par la grande porte, à la rentrée de 1872, à l'*Eldorado* où il reste jusqu'en 1878, mais il est résilié après un des esclandres dont sa carrière est ponctuée. Il entre alors à la *Scala* (où il ne manque pas de se colleter avec un spectateur qui lit régulièrement son journal pendant son numéro) et passe l'été à l'*Alcazar d'été*.

108

109

110

111

112

113

En 1880, il met définitivement au point son style que Francisque Sarcey qualifie de «gambillard», en imitant les dislocations et les gesticulations d'une marionnette de la troupe en bois de Thomas Holden. «Aucun pastiche n'a pu rendre le type qu'il a créé dans "La chaussée de Clignancourt", affirme Bertaut; d'un mouvement qui lui est habituel il renverse la tête en arrière en faisant jouer en même temps ses bras et ses mains. Il gambade, il cligne de l'œil mystérieusement, il scande de sa tête chaque coup de cymbale.» Paulus, jusqu'alors connu, devient célèbre. «Quand l'astre de Paulus monta, il y eut une seconde d'émotion au concert. Tous ceux qui cherchent chaque matin qui, pour être originaux, ils pourront bien imiter demeurèrent bouche bée. Le succès, décidément, était à ces pirouettes, à ces marches, contremarches, cavaliers seuls et imitations de claudications variées — la boiteuse et l'invalide — c'était tout un art à réapprendre... il fit en sorte que la chanson devînt une école de gymnastique, mais non sans talent, sans originalité consciencieuse, sans une voix prenante...» Ouvrard partage et confirme cette opinion de Georges Montorgueil: «Paulus, lorsqu'il a pris son genre nouveau, a bouleversé toutes les traditions et le concert a subi, en moins de six mois, une transformation complète: il a fallu du mouvement, toujours du mouvement... les comiques «en dedans» ou les goutteux ont alors fait un rude nez! Le public écoutait la voix mais regardait les jambes!» Ouvrard ajoute justement que Paulus a aidé sa corporation en étant le premier à toucher de gros appointements et, par son nom, à élargir le public du concert. Il est vrai qu'en

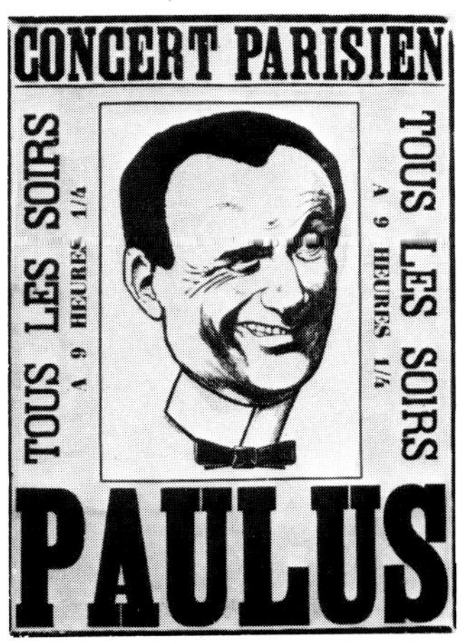

114

115

1883, quand Paulus signe pour trois ans au *Concert Parisien d'été,* il est le premier à exiger des cachets astronomiques: il a hôtel particulier à Neuilly, domestiques et sa voiture qui le conduit, infatigable, de concert en concert (il passe toujours dans deux concerts en soirée, son contrat stipulant qu'ils soient éloignés de plus de 1 500 m l'un de l'autre), sans parler des soirées privées, le tout, pour un effort énorme (de trente à quarante chansons), lui rapportant jusqu'à 1 500 francs par jour.

Une nouvelle dispute et un procès (perdu) le font passer en 85 à la *Scala,* alors que l'été il continue régulièrement à se produire à l'*Alcazar d'été*. C'est là qu'en 1886 il connaît son zénith avec ''En revenant de la revue''. Cette marche, prise à un ballet de Desormes, mise en couplets par Delormel et Garnier, était déjà un succès mais, le 14 juillet 1886, en substituant deux vers aux anciens, Paulus connaît le triomphe. Anatole France, dans *Le Temps,* décrit avec précision ce succès qu'il n'approuve

116

Que ce soit sur cette naïve affiche de Gallice (115), *croquée par Sem* (116) *ou dessinée par Faria sur ses chansons* (117), *la silhouette de Paulus tente tous les artistes.*

L'INVALIDE BELGE
Monologue Comique
Créé par PAULUS
le Chanteur Populaire
FARIA
Pt format 1f
Piano......3f
Paroles de
DELORMEL & GARNIER
Musique de
GERNY
Imp. Joly, Paris
Répertoire PAULUS 10, Rue d'Enghien Paris DELORMEL & Cie Editeurs
Tous droits d'Exécution, de Traduction & de Reproduction Réservés
REPERTOIRE PAULUS

118. *En 1877, Mac Dermott (1845-1901) entraîne par ses chansons le soutien aux Turcs du gouvernement de Londres contre les Russes.* 119. *Cette affiche anonyme (où l'on retrouve à droite le personnage du petit format de la page précédente) nous donne une vision cinétique des attitudes du « gambillard ».* 120. Page suivante: *Paulus en 1899.*

guère: «Paulus c'est tout dire. Il serait superflu de vanter sa diction mordante et l'agileté précise de ses gestes. Il ne reste plus rien à vous apprendre, ni sur sa voix de cuivre, ni sur son visage glabre et ferme, latin comme son nom, face de consul ou de nonce qui reste grave au repos et sur laquelle la grimace, bien qu'habituelle, semble pourtant étrangère. L'histrion Paulus est connu de tout l'univers. Quant à la chanson qu'il a rendue fameuse et que Paris porte aux nues, il faut confesser à la face du monde qu'elle est accomplie en tous points. Elle est graveleuse et patriotique, elle est inepte, elle est ignoble. Le monstre louche que maudit Nicolas, la honteuse équivoque, y répand son venin le plus fétide. Cette chanson offense toutes les pudeurs, celle des patriotes, celle des honnêtes gens et celle des voluptueux. Il n'y manque aucune laideur, et, comme Boulanger y rime avec admirer, c'est l'hymne des braillards, c'est la Marseillaise des mitrons et des patronnets, des bobines et des calicots qui pensent régénérer la France. Tout le public de l'*Alcazar* est transporté d'enthousiasme et d'ahurissement quand Paulus chante en galopant sur un cheval imaginaire.»

Jules Lemaître n'est pas de cet avis: «"En revenant de la revue", voilà au moins une excellente chanson populaire. C'est d'une grosse verve, aisée et copieuse, cela sent à plein nez les rues et le peuple de Paris, et le mouvement en est endiablé. Le tout donne vraiment la sensation d'une foule roulante et bruyante, un jour de fête, dans la poussière, par l'avenue du Bois de Boulogne ou mieux, entre les rangées de baraques de la foire au pain d'épice sous le soleil.» Quant au personnage, Jules Lemaître se contente de remarquer «qu'il se peut que M. Paulus n'ait, pour talent, que sa voix, sa tête, son assurance et l'extravagance de sa mimique. Mais c'est déjà quelque chose.»

118

Il est amusant de noter qu'avec "En revenant de la revue", le concert français connaît un succès tout à fait similaire au "We don't want to fight but jingo if we do" qui, lancé par Mac Dermott, déclenche le soutien des Anglais aux Turcs contre les Russes en Crimée.

Qu'on soit pour ou contre, on ne peut que constater que

PAULUS
ORIGINAL

120

Paulus connaît un succès jamais atteint par un chanteur de concert; on l'imite partout, dans la coupe et la couleur de ses habits et même dans sa coiffure à la Titus (dite «Nec Paulus ultra» dans le *Journal Amusant*) qu'il dit n'avoir adoptée que par mesure d'hygiène. Il crée en 1887 la *Revue des Concerts* avec les compositeurs Delormel et Garnier, «pour riposter aux attaques incessantes dont nous sommes l'objet». Chadourne, qui décidément n'apprécie guère Paulus, le décrit ainsi: «Quel aplomb, quelle majesté il a ce fondateur! Avec quelle science profonde, quel coup d'œil d'aigle il juge ses camarades! Que dis-je? Ses humbles sujets! De quel bras puissant il riposte aux attaques! De quelle âme reconnaissante il insulte et cherche à couler bas les auteurs dont naguère il exaltait les produits! Mais de quelle main soucieuse et délicate il burine ses propres exploits, en nous communiquant ses idées sur la musique, l'art, la politique, le droit des gens, etc. Mais le point le plus important et que j'aurais dû énoncer au début, c'est qu'elle a cessé d'exister.» (Nous sommes en 1889: elle n'a pas tenu deux ans!)

Cette même année, il passe l'été à l'*Éden* de Trouville, racheté par les Marchand, propriétaires de la *Scala*. Plus il gagne d'argent, plus il s'acharne à faire des affaires où il le perd. Malgré un premier désastre dans une entreprise de couleurs à Marseille (1878), il achète l'*Eldorado* de Nice (qu'il ne garde que quelques mois), lance un vin, le «Clos Paulus» et même le «champagne Paulus». (Ne peut-on voir là, et pour la première fois, les caractéristiques d'une vedette moderne?) Ses affaires marchent toujours mal car Paulus, absent, laisse faire ses associés... Heureusement il gagne sur scène de quoi éponger les désastres. Il signe à nouveau en 1889 avec la nouvelle direction du *Concert Parisien* et à l'*Alcazar d'été*, pendant l'Exposition

Que ne ferait pas Kam-Hill, le chanteur en habit rouge, pour se faire remarquer? Il gesticule autant qu'il peut (121, dessin de H.-G. Ibels) et finit même par chanter à cheval au Cirque d'Hiver (122).

121

122

universelle: on doit fermer les portes à neuf heures tant il y a de monde pour entendre chanter un Paulus qui touche 10% des recettes. Ce sont ensuite de 1889 à 1892 Vienne, Budapest, Bucarest, puis la Russie, New York et enfin Londres. Paulus, de retour, rachète *Ba-Ta-Clan* fermé et, en même temps, l'*Alhambra* de Marseille. Le tout part bien mais, à nouveau, c'est trop, et perdant pied Paulus revend à perte. Au cours des dix années qui suivent, l'étoile de Paulus pâlit, comme celle du général Boulanger, à qui les hasards d'un succès l'avaient associé. « Mes moyens physiques étaient intacts mais la dépression morale se faisait sentir, j'étais lassé, fatigué par les tracas d'argent, les luttes de famille. » Il réapparaît aux *Ambassadeurs* pendant l'Exposition de 1900, en remplacement d'Yvette Guilbert malade. Ce sont ses derniers succès avec, le 19 décembre 1906, sa soirée de retraite à la *Gaîté*, à laquelle les plus grandes vedettes participent. Retirée à Saint-Mandé, la plus grande star du café-concert s'éteint le 1er juin 1908.

De la horde des disciples de Paulus, un seul gambillard mérite une mention. Kam-Hill (1856-1935), « outrant les gestes et le débit appuyé, le laborieux parodiste, suant, soufflant, geignant, peinant, traversant gilet de flanelle et habit rouge, devait accentuer encore ce mécanisme de la diction gesticulatoire ». Il est engagé par Dorfeuil à la *Gaîté-Montparnasse* à condition de trouver un truc nouveau, comparable aux gants noirs d'Yvette Guilbert. Il se présente en habit rouge, culotte et bas de soie noirs, gants blancs et chapeau claque. Comme si ce n'était pas suffisant, il se fait en plus passer pour un gentilhomme pauvre à la recherche d'une dot pour épouser l'héritière de son choix (c'est en fait un ancien employé d'assurances). Il confie à Jules Bois* : « Si je dis avec une grande agitation des bras, des jambes,

* *Le Courrier Français*, 19 juillet 1892.

de tout le corps, c'est que mon tempérament m'y pousse, et le tempérament, vous savez, il faut lui obéir. » C'est sans doute ce tempérament plutôt excessif qui l'amène à chanter au *Cirque d'Hiver*... à cheval !

De Montmartre à l'incendie de l'« Opéra-Comique »

En 1886, nouvel événement à Montmartre, quartier déjà envahi par les cabarets de chansonniers : la naissance du *Divan Japonais*, 75, rue des Martyrs, sur l'emplacement du bal Brunet, beuglant tenu successivement par Rossignol et par Lefort.

« Si vous voulez voir de quelle façon l'on transforme un vulgaire café de quartier en un établissement exotique, transportez-vous en haut de la rue des Martyrs, à cette ancienne brasserie qui fit déjà parler d'elle sous le nom de *Café de la Chanson ;* montez quelques marches et vous vous trouverez au *Divan Japonais*, ainsi nommé, sans doute, parce que tout y est chinois.

Dans cette fumisterie de haut goût qu'on a essayé de rendre plus piquante en confiant le service à des dames japonaises — encore plus chinoises que le reste — vous retrouverez le matériel du café parisien devenu par un subit changement de décor du japonisme d'occasion. Le billard se peint en bleu et rouge et on y colle des baguettes de bambou. Aux becs de gaz on ajoute des petites clochettes, au mur on applique des grands panneaux de soie, comme il s'en trouve en certains magasins. Le comptoir reçoit également une teinte dans ce bleu et ce rouge qui sont particuliers aux peuples de l'Extrême-Orient. D'anciennes chaises Louis-Philippe, en acajou, sont badigeonnées avec une couche de vernis noir, le plafond se plaque en or avec des ornements de fantaisie, et tout est dit*. »

En 1888, Jehan Sarrazin, marchand d'olives, reprend le *Divan Japonais* et s'y installe avec son petit baquet de picholines. Il tente d'en faire une goguette en sous-sol, mais revient au café-concert, avec des « diseurs » de la qualité de Marcel Legay,

* John Grand-Carteret, *Raphaël et Gambrinus, ou l'Art dans la brasserie*, 1886.

123. *Dans le sous-sol du* Divan Japonais, *75 rue des Martyrs, le patron Jehan Sarrazin s'assied au pied de l'escalier avec son baquet d'olives qu'il offre aux consommateurs.*

Paul Delmet et Yvette Guilbert, qu'il baptise «chanteuse fin-de-siècle». Celle-ci le quitte pour le *Concert Parisien,* et le *Divan* passe successivement entre les mains d'Édouard Fournier, en 1892, et de Maxime Lisbonne (1839-1905), ancien colonel de la Commune, qui a déjà fondé la *Taverne du Bagne,* la *Brasserie des Frites Révolutionnaires,* toutes deux boulevard de Clichy, le *Casino des Concierges,* rue Pigalle, et bien d'autres. Le *Divan Japonais* devient *Concert Lisbonne* en 1893. On y joue quelques revues et, surtout, le ''Coucher d'Yvette'', pantomime lyrique de F. Verdellet, musique d'Eugène Arnaud, refusée par l'*Éden-Théâtre;* elle est interprétée par Blanche Cavelli. C'est le premier essai de «strip-tease» sur une scène — et ce n'est

123

124 à 132. *Quelques « chansons sociales », le meilleur et le pire, où se distinguent, pour les paroles, Jules Jouy, Aristide Bruant et Pierre Trimouillat.*

pas le dernier! — créé le 3 mars 1894 pour un mois et demi; il est repris ensuite par l'*Alcazar d'été* et atteint la centième. En 1895, Lisbonne abandonne le *Divan Japonais* à Gaston Habrekorn (1866-1917), auteur de « chansons sensuelles » interprétées par Flavy d'Orange avec un groupe de jolies filles en « maillot complet » illustrant les paroles par des poses plastiques. Et quelles paroles, quand on connaît déjà les titres: "Je boirai ta salive", "Ta croupe", "Je t'aurai toute", "Tes pieds dans ma bouche"... Heureusement, il y a aussi Dranem: heureux contraste! En 1900, Ruez succède à Habrekorn, qui devient propriétaire de *Bataclan* en 1905, où il crée des revues à grand spectacle.

La *Cigale* est fondée par Forêt en 1887, au n° 120, boulevard Rochechouart, sur l'emplacement du bal de la *Boule Noire*. Armand Flateau en fera un music-hall en 1894.

Cette année 1887 marque encore une grande date de l'histoire du café-concert. Le 25 mai, pendant la représentation de « Mignon », l'*Opéra-Comique* est détruit de fond en comble par un incendie qui fait plus d'une centaine de morts. Le gouvernement décide des mesures de sécurité rigoureuses dans les salles de théâtre. Jules Lemaître écrit le 13 juin 1887: « Je comptais sur le drame de Jules Amigues, la "Comtesse Frédégonde", qui devait être joué la semaine dernière aux *Variétés*. Mais la police, qui s'est mise depuis quinze jours à nous protéger implacablement, a interdit la représentation. Ce souci de notre sécurité est peut-être excessif. C'est à peu près comme si, à la suite d'un déraillement sur la ligne Paris-Lyon-Méditerranée, le gouvernement interdisait aux citoyens de prendre le chemin de fer [...]. Je vous parlerai donc un peu des cafés-concerts, puisque ce sont les seuls spectacles qui nous soient encore permis. » Pas pour longtemps; les mesures de sécurité touchent toutes les salles de spectacle: élargissement des portes et des couloirs, modification de l'éclairage, suppression des strapontins, installation d'un rideau de fer, d'échelles extérieures, etc.

124

125

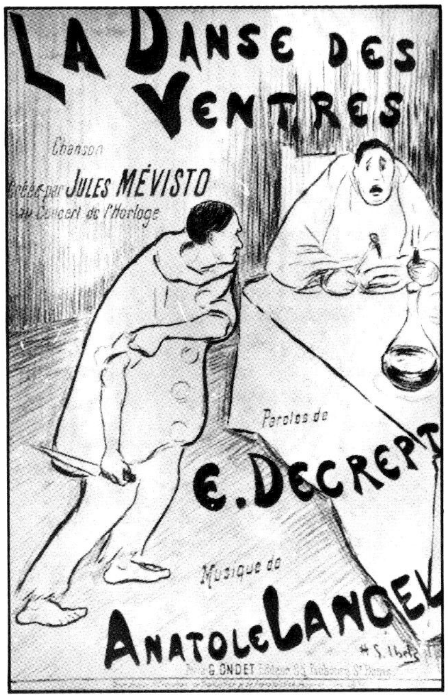

126

127

128

129

130

131

132

133

134

135

La chanson politique et sociale

Même si elle passe inaperçue à l'oreille de la majorité des Français, l'année 1888 marque une date importante dans l'histoire de la chanson politique et sociale: Pierre Degeyter (de Geyter, 1848-1932) met en musique "L'Internationale", d'Eugène Pottier (1816-1887), qui est chantée dès le lendemain à l'atelier de Fives-Lille; elle est éditée à 6 000 exemplaires. C'est seulement vers 1910 qu'elle est adoptée par l'ensemble des partis ouvriers socialistes. La même année 1888, Jules Jouy, sur l'air du "Temps des cerises" compose le "Temps des crises" et avertit les parlementaires:

Vous regretterez le beau temps des crises...,

136

137

138

133 *à* 138. *Nombreuses sont les chansons politiques qui sont venues jusqu'à nous, de "l'Internationale" de Pottier et Degeyter, à "Gloire au 17ᵉ" de Montéhus, en passant par "Le Forgeron de la Paix" de Villemer et Delormel.*

tandis qu'il provoque à la grève générale :

C'est la grève, la grève, la grève,
C'est la grève qu'il nous faut !

Les chants de révolte ne datent pas d'aujourd'hui, mais ils commencent seulement à se répandre. Réfugié en Suisse, Paul Brousse écrit en 1877 "Le Drapeau rouge" (« Rouge du sang de l'ouvrier »). Plus ancien encore est précisément le "Temps des cerises", romance pastorale de Jean-Baptiste Clément (1836-1903), écrite en 1866, mise en musique par Antoine Renard en 1868. En 1885, Clément, qui est un des élus de la Commune en 1871, dédie sa romance à l'ambulancière Louise de la barricade de la rue de la Fontaine-au-Roi, à Belleville. Il se crée bientôt dans l'esprit populaire une confusion sur le retour du printemps annoncé par la romance : est-ce celui de la liberté (c'est ainsi que l'entendent les socialistes et les anarchistes qui la fredonnent), ou celui des amours (c'est ainsi que bien plus tard l'enregistre Tino Rossi) ? Dans la même décennie, Léo Taxil distribue gratuitement en 1881 la "Marseillaise anticléricale" :

Aux urnes, citoyens ! contre les cléricaux !
Votons et que nos voix dispersent les corbeaux.

Amnistié en 1880, Eugène Pottier écrit les paroles de "l'Insurgé" (musique de H. Ghesquière) :

L'insurgé, son vrai nom, c'est l'homme !

et en 1886, "Elle n'est pas morte !", sur le timbre "T'en fais pas Nicolas" :

On l'a tuée à coups d'chassepot,
A coups de mitrailleuse,
Et roulée dans un drapeau
Dans la terre argileuse.
Et la tourbe des bourreaux gras
Se croyait la plus forte.
Tout ça n'empêch' pas, Nicolas,
Qu'la Commune n'est pas morte !

139

Eugène Pottier meurt en 1887 sans connaître la musique de ''l'Internationale''. En même temps, les légionnaires rapportent du Tonkin le ''Refrain des Camisards'' :

La prison plein' de punaises
Et d' cafards
Fait gratter l'armée française
Tous les soirs.
Après six heur's de p'loton,
Grand' gamelle et p'tit' portion,
On vous colle à la prison
Comm' des cochons.

Ces chansons sont moins souvent chantées, comme on s'en doute, dans les cafés-concerts que dans les réunions ouvrières, les prisons et les casernes. Mais elles sont imprimées et ne sont finalement pas plus subversives pour le pouvoir en place que les chansons réactionnaires qu'a fait naître le boulangisme: en lançant ''En revenant de la revue'' en 1886, Paulus apporte son soutien au réveil du nationalisme. La même année, Bourgès chante à l'*Eldorado* et au *Concert Parisien* les ''Pioupious d'Auvergne'' (paroles et musique d'Antonin Louis):

Quand les pioupious d'Auvergne iront en guerre,
Le canon tonn'ra,
Pour sûr on dans'ra,
On tremp'ra la soupe dans la grande soupière,
Car pour la manger
On n' se pass'ra pas d' Boulanger.

D'Antonin Louis encore, ''la Boulangère'' (1887) et son refrain sur le timbre ''C'est à boire qu'il nous faut'' :

C'est Boulang', Boulang', Boulange,
C'est Boulanger qu'il nous faut.

Et du même auteur, sur le même timbre (il y tient), ''C'est Déroulède qu'il nous faut !''

En 1890, les ouvriers chantent encore :

C'est huit heur's, huit heur's, huit heur's,
C'est huit heures qu'il nous faut !...

139. *Eugène Pottier.*
140. *Jules Jouy.*

La «chanson sociale» et la «chanson vécue», chantées dans les cafés-concerts, dans les cabarets ou dans la rue, empruntent un autre ton. Elles sont d'ailleurs, paradoxalement, bien plus littéraires que populaires. Mais comme il chante le peuple, le peuple veut bien se reconnaître dans le répertoire d'Aristide Bruant qu'interprète Eugénie Buffet. Le pantalon de velours à côtes, la veste de chasse, le cache-nez rouge et les bottes, de l'un, le jersey rouge, la jupe noire et le tablier bleu à poches où elle enfonce les mains, de l'autre, sont peut-être déguisements de scène, mais ils assurent le succès auprès de ceux-là mêmes qu'ils caricaturent.

Avec Bruant (1851-1925), qui engueule le bourgeois dans son *Mirliton* du boulevard Rochechouart, le répertoire des cabarets entre au café-concert. Après y avoir raté son début, Bruant écrit des chansons pour le café-concert, souvent avec Jules Jouy (''Mad'moiselle, écoutez-moi donc'', la ''Chaussée Clignancourt'', etc.). C'est au cabaret le *Chat Noir* qu'il crée son répertoire sur les barrières de Paris: ''Belleville-Ménilmontant'', ''A la Glacière'', ''A la Bastille'', ''A Montparnasse''... mais aussi ''Rue Saint-Vincent'', ''A Saint-Lazare'', ''La Ronde des Marmites'', ou encore ''Biribi'' et ''Les Petits Joyeux''. Il est cocardier et se présente aux élections législatives de 1898 dans le quartier de Belleville-Saint-Fargeau sous l'étiquette nationaliste.

140

Eugénie Buffet (1866-1934) l'est tout autant. En 1889, elle est condamnée à quinze jours de prison pour avoir crié «Vive Boulanger!» Les filles qu'elle rencontre alors à la prison de Saint-Lazare lui donnent l'idée de son personnage; elle est la «pierreuse», la «gigolette», et chante le répertoire de Bruant. Elle interprète aussi une chanson crée par Thérésa, ''La Terre'', due au génie de Jules Jouy (1855-1897):

Tout commence et tout finit
Par la terre.
L'enfant qui naît et qui rit
A la terre;

Dessin de Luc Métivet

142

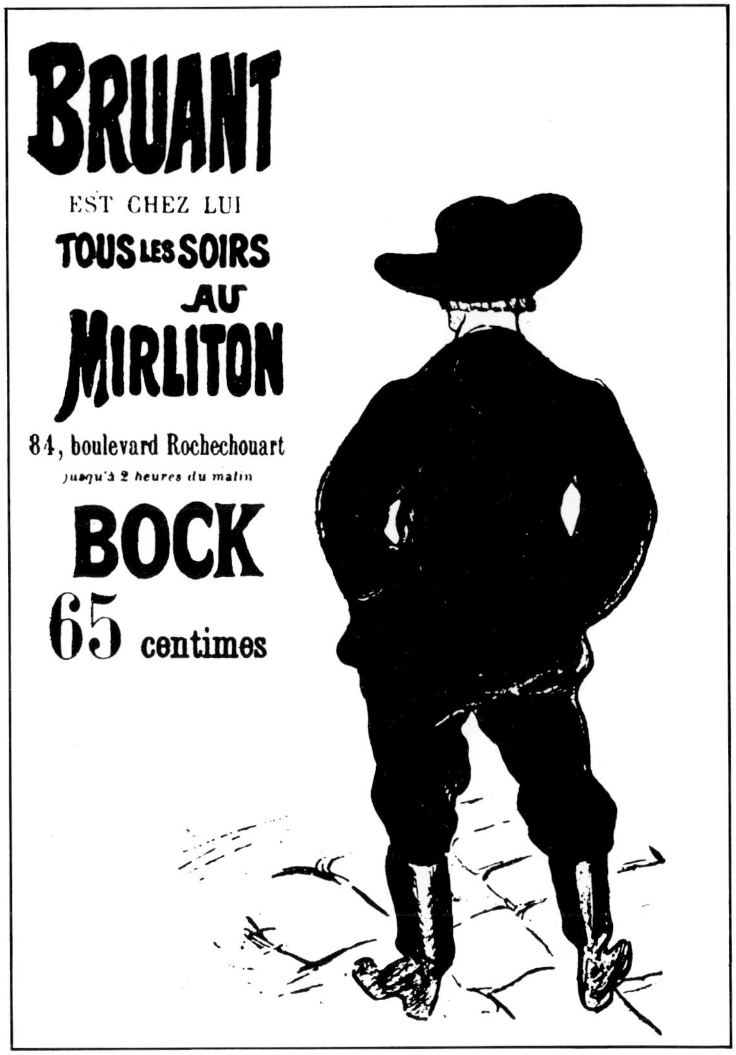

143

L'aïeul qui meurt et descend
Dans la terre:
Tout cela refait du sang
Pour la terre.

Militante de la Ligue des Patriotes fondée par Paul Déroulède, elle chante "Le Mouchoir rouge de Cholet" et les "Chansons de la fleur de lys" de Théodore Botrel. Elle chante dans les rues "La Sérénade du pavé" de Varney en faisant la quête. Elle est si populaire que lorsque sa venue est annoncée dans un quartier, il faut établir des barrages de police; et les agents reprennent au refrain avec les badauds.

Avec Eugénie Buffet, le genre « gigolette » ouvre la porte aux chanteuses réalistes du music-hall des années 30. Les hommes

141. *Affiche de Lucien Métivet pour Eugénie Buffet, la "gigolette".* 142. *Une parodie de chanson sociale, "Le Pauvre Ouverrier".* 143. *Aristide Bruant, par Toulouse-Lautrec.*

144

aussi se distinguent dans la «chanson sociale» et dramatique. Tandis que Jules Mévisto (aîné), surnommé «Pierrot», se taille un succès dans les cabarets avec ''Le Testament de Pierrot'' de Xavier Privas, son cadet Auguste, dit l'«Assassin» parce qu'il joue les rôles de mauvais garçons sur la scène du Théâtre Libre d'Antoine, chante à la *Scala* des chansons de Bruant (''Biribi''). Mais le plus célèbre de ces auteurs-interprètes est Montéhus (Gaston Brunschwig, 1872-1952).

Le 18 juin 1907, les soldats du 17ᵉ régiment d'infanterie de Béziers déplacé à Agde pour réprimer les manifestations de vignerons refusent de marcher et mettent la crosse en l'air. Montéhus crée sa chanson antimilitariste la plus connue encore aujourd'hui, ''Gloire au dix septième'' (musique de Chantegrelet et Doubis):

> Salut, salut à vous,
> Braves soldats du dix-septième,
> Salut, braves pioupious,
> Chacun vous admire et vous aime;
> Salut, salut à vous,
> A votre geste magnifique!
> Vous auriez, en tirant sur nous,
> Assassiné la République!

Coiffé d'une casquette d'ouvrier, les reins ceints d'une flanelle rouge, il provoque l'année suivante à la grève générale avec ''La Victoire sociale'' (musique de Chantegrelet) et au malthusianisme pacifiste avec ''La Grève des mères''. Gaston Montéhus chante ''Un vrai croyant'' (musique Chantegrelet et St Cyr):

> Mais malgré qu' j'aim' beaucoup la France,
> J' pourrai jamais tuer mon prochain.

Au cours de la guerre de 1914-1918, cet antimilitariste vire sa cuti et chante déguisé en matelot des chansons chauvines et patriotiques. Il redevient pacifiste après la guerre, avec ''La Butte rouge'' (musique de Georges Krier) où il décrit les horreurs de la butte de Bapaume, en Champagne, soulignées par un air de valse lente.

144. *Mévisto, dit l'« Assassin »,
par H.-G. Ibels.* 145. *Chanteuse
« genre espagnole », par Roubille.*

Chansons de café-concert, mais aussi chansons pour meetings, tel que celui que décrit Mac-Nab (1856-1889) dans ''Le Grand Métingue du Métropolitain'' (musique Camille Baron, 1889):

> Y avait Basly, le mineur indomptable,
> Camélinat, l'orgueil-*eu* du pays...
> Ils sont grimpés tous deux sur une table,
> Pour mettre la question sur le tapis.

Si étonnant que cela nous paraisse, l'énorme succès de cette satire d'un chansonnier du *Chat Noir* est due pour beaucoup aux militants socialistes qui trouvent bien sympathique le poivrot de l'Écossais de Vierzon. Dans le même esprit, il faut faire une place d'honneur au ''Pauvre ouverrier'', de Delormel et Jules Jouy (auteur de chansons sociales!), créé par Maurel à l'*Alcazar d'été :*

> Je suis un pauvre ouverrerier
> Qui cherch' tout l'temps à travailler,
> Mais par un singulier hasard
> J'arrive hélas toujours trop tard.

Ou même (pourquoi pas?) cette parodie anonyme de chanson vécue, ''La Femme du roulier'', chanson pour salle de garde. Georgius en sera le dernier parodiste, avec ''Le Fils-Père'' et ''Le Phare de Joinville-le-Pont''.

Cafés-concerts fin-de-siècle

Les vingt-cinq années à cheval sur les deux siècles sont celles de l'âge d'or du café-concert. Deux expositions universelles — 1889 et 1900 — marquent de manière indiscutable la prééminence d'un Paris qui, comme l'annonce avec assurance, immodestie mais sans doute avec raison le *Guide des plaisirs* de 1900, « est une ville de plaisirs extraordinaires, la capitale des plaisirs du monde entier ». L'incendie de l'Opéra-Comique de 1887, en imposant un respect plus strict des règles de sécurité, sert en fait de prétexte aux directeurs, ambitieux de toujours plus de

145

146. *Un programme de la* Scala.
147. *Bien que cette affiche des* Ambassadeurs *ne soit pas illustrée, toutes les « têtes d'affiche » de la fin de siècle s'y sont donné rendez-vous pour les lecteurs du* Courrier Français: *Yvette Guilbert, Polin, Fragson, Baldy, Brunin, etc.*

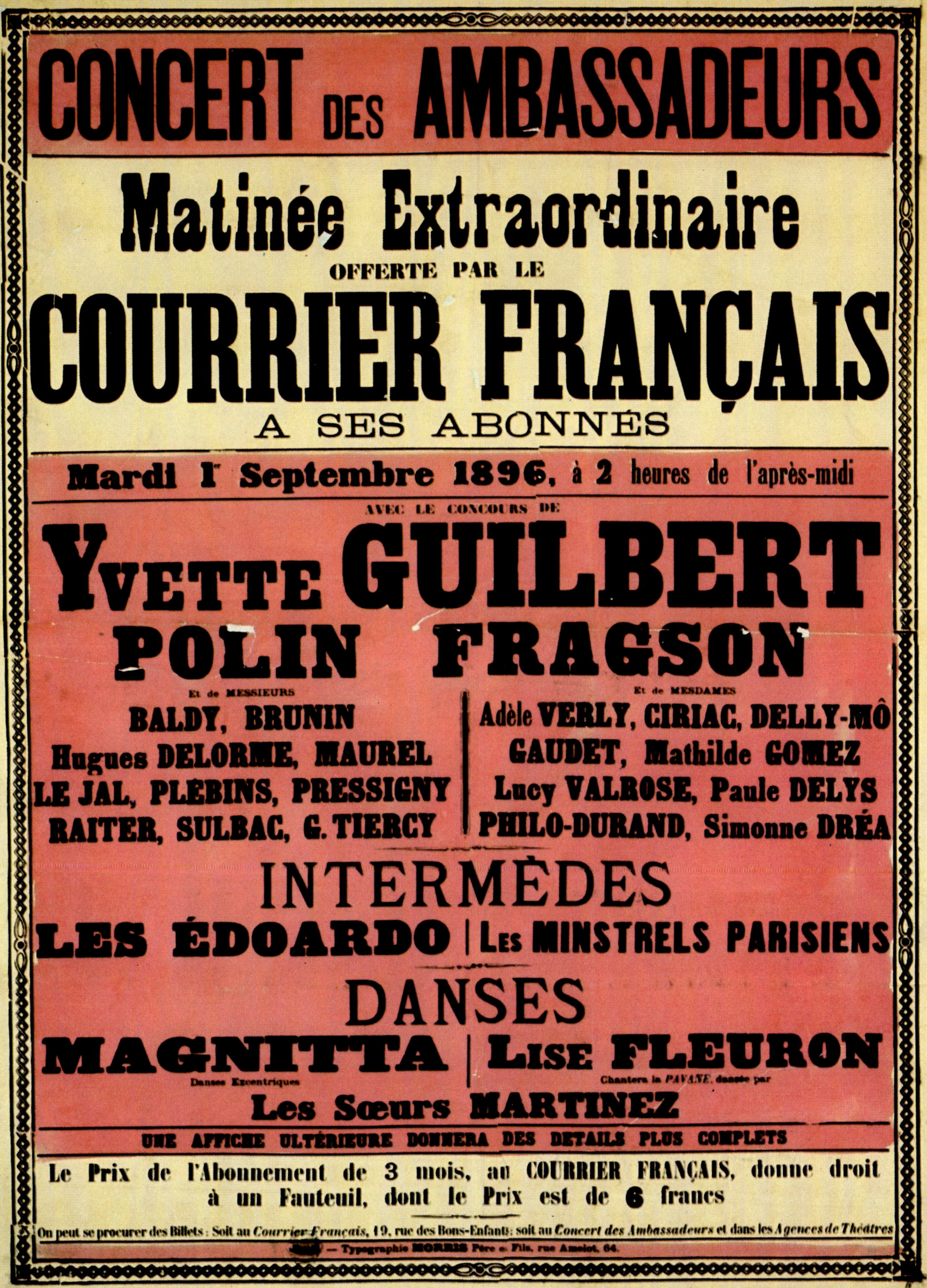
CONCERT DES AMBASSADEURS
Matinée Extraordinaire
OFFERTE PAR LE
COURRIER FRANÇAIS
A SES ABONNÉS
Mardi 1er Septembre 1896, à 2 heures de l'après-midi
AVEC LE CONCOURS DE
YVETTE GUILBERT
POLIN FRAGSON
Et de MESSIEURS
BALDY, BRUNIN
Hugues DELORME, MAUREL
LE JAL, PLÉBINS, PRESSIGNY
RAITER, SULBAC, G. TIERCY
Et de MESDAMES
Adèle VERLY, CIRIAC, DELLY-MÔ
GAUDET, Mathilde GOMEZ
Lucy VALROSE, Paule DELYS
PHILO-DURAND, Simonne DRÉA
INTERMÈDES
LES ÉDOARDO
Les MINSTRELS PARISIENS
DANSES
MAGNITTA
Danses Excentriques
LISE FLEURON
Chantera la PAVANE, dansée par
Les Sœurs MARTINEZ
UNE AFFICHE ULTÉRIEURE DONNERA DES DETAILS PLUS COMPLETS
Le Prix de l'Abonnement de 3 mois, au COURRIER FRANÇAIS, donne droit à un Fauteuil, dont le Prix est de 6 francs
On peut se procurer des Billets : Soit au Courrier Français, 19, rue des Bons-Enfants; soit au Concert des Ambassadeurs et dans les Agences de Théâtres
— Typographie MORRIS Père et Fils, rue Amelot, 64.

148

149

148 *à* 153. *Roubille a croqué tous les « genres » masculins du café-concert : genre Paulus, genre poivrot, genre excentrique, genre comique-troupier, genre paysan...*
150. *La façade de l'*Eldorado *et* (154) *celle de la* Scala. *(Photos Gaillard).*

luxe, plus de monde et bien sûr plus de recettes, pour transformer, améliorer, voire reconstruire leurs salles. L'*Eldorado,* refait, a, selon Chadourne, « quelque chose de la grandeur, du luxe et de la solennité d'un théâtre », et la *Scala* « restaurée, maintenant, élégante blanc et or a un aspect riant » d'après le *Guide des plaisirs à Paris*. Les cafés-concerts sont dans les années 90 très nombreux : deux cents environ, dont un grand nombre de beuglants de quartier et d'établissements de quatrième ou cinquième ordre. Grâce à l'annuaire de la Société des Auteurs et Compositeurs de Musique, Adolphe Aderer* et Chadourne peuvent énumérer les concerts dignes de ce nom.

* *Le Théâtre à côté,* 1894.

« On croirait voir de véritables théâtres, presque tous ayant leur façade magnifiquement décorée et offrant à l'intérieur une agréable distribution de fauteuils de loges, de glaces, de portières, d'escaliers et de voies communicantes », note ce dernier qui en homologue de vingt à trente. Aderer, plus systématique, nous

150

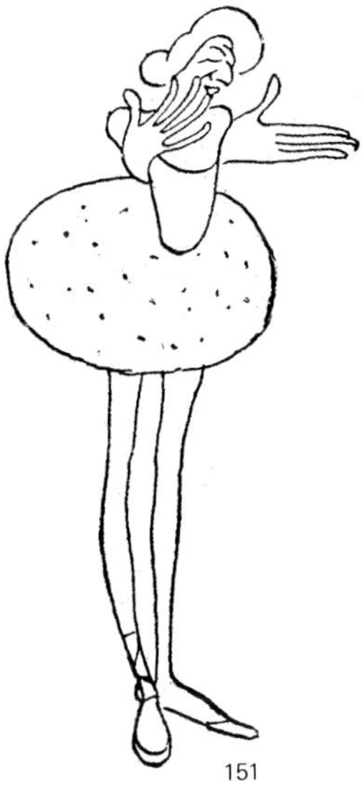

151

152

153

livre la liste des cafés-concerts de premier et de deuxième ordre:

Premier ordre: *Bataclan, Bateaux Omnibus, Cigale, Éden Concert, Eldorado, Époque, Européen, Fauvette, Folies Belleville, Gaîté-Montparnasse, Gaîté-Rochechouart, Concert Parisien, Paris-Concert, Pépinière, Scala, Splendide Taverne* (devenu *Parisiana*), *Vingtième Siècle.*

A cette liste viennent s'ajouter l'été les cafés-concerts des Champs-Élysées.

Deuxième ordre: *Les Adrets, Américains, Les Arts, Brasserie de la Croix de Lorraine, Brasserie Française, Brasserie des Martyrs, Les Cadrans, Casino du XIXe Siècle, Casino du Champ-de-Mars, Cheval Blanc, Coq d'or, Commerce, Décadents, Divan Japonais, Divan Russe, Enfants de Paris, Épi d'Or, Espérance, Fantaisies Nouvelles, Folies Cluny, Girondins, Grand Café, Hôtel Terminus, Indépendance, Jacques Cœur, Le Libre Échange, de Lyon, Moderne de l'Ouest, du Phénix, de la Presse, de la*

154

155

Renaissance, de la Rotonde, Rouge, Soleil, Taverne Gauloise, Taverne Parisienne, Villa Japonaise, Pavillon du Chemin de Fer, Pavillon du Lac, Pavillon du Pueblo, etc.

« Si ces cafés-concerts subsistent et vivent, c'est qu'ils font de grosses recettes. Il en est qui recueillent jusqu'à cent mille francs par mois. »

D'après Mayol, l'*Eldorado* est le temple de la chanson et la *Scala* sa Comédie-Française: réunis sous la direction de M. et Mme Marchand, les deux établissements dominent le lot. L'*Eldorado* n'est plus ce qu'il était du temps de Lorge ou de Renard. Il est devenu le concert populaire par excellence et par opposition à la *Scala,* plus chic et plus snob. Il est « une salle populaire au

156

155. "Le rire au paradis", par Couturier. Le public des galeries est celui des petites bonnes et des militaires en permission, des calicots et des domestiques, auxquels se mêlent parfois le garçon de café et le sergent de ville chargé du maintien de l'ordre, pour écouter le refrain idiot ou la chanson scabreuse (dessin paru dans le Rire *en 1896). 156. La "Gommeuse" par Roubille. 157. « Une chanteuse épileptique ; gestes canailles, voix de vinaigrette ». Dessin de Job paru dans* La Caricature *en 1884).*

157

BOUILLON RICHE
ENTRÉE LIBRE
ALCAZAR D'ÉTÉ
FRAGSON
DALBRET
ALCAZAR D'ÉTÉ
POLIN
ALCAZAR D'ÉTÉ
Paulette
DARTY

158

JARDIN DE PARIS
Jardin de Paris
Jardin de Paris

159

158. *L'entrée de l'* Alcazar d'été *et* (159) *celle du* Jardin de Paris, *cher à Paul Léautaud.* *(On aperçoit au fond le kiosque à musique intact encore de nos jours).* 160-161. *Le public chahute souvent aux* Ambassadeurs, *et la police doit parfois intervenir (dessin d'Albert Guillaume).*

160

meilleur sens du mot... la maison sœur faisant l'effet de parent riche.» Ainsi Mistinguette, débutante pleine d'ambition mais ô combien dépourvue de chic, est pensionnaire à l'*Eldorado* de 1897 à 1907. Elle livre tout cru dans ses Mémoires: «Mon ambition à moi, c'était la Scala.» Mme Marchand, à qui elle se confie, la regarde «avec étonnement»: «Mais, ma chère petite, pour passer à la *Scala* il faut être convenablement habillée.» La Miss trouve une robe ayant appartenu à Polaire, obtient sa chance et ne rencontre qu'un silence de mort. «Vous n'êtes pas faite pour le grand public, vous êtes faite pour le populo», conclut le lendemain Mme Marchand, qui la réintègre à l'*Eldorado*. Même déconvenue pour Mayol qui, «contrairement à son espoir de passer enfin à la *Scala*», doit débuter à l'*Eldorado*. Ayant, lui, la classe, il traverse rapidement le boulevard, s'installe à la *Scala* et renonce à chanter une partie de son répertoire «que je conservais pour la province où elle retrouva la faveur qui l'avait accueillie au *Concert Parisien* et à l'*Eldorado*».

L'*Eldorado*, c'est d'abord Dranem remplacé par Montel quand il passe ailleurs, Bérard comme chanteur à voix, Bach comme comique troupier, Georgel, Vati et Mistinguette comme «gommeuse» et «excentrique».

La *Scala*, elle, affiche tous les grands noms: Polin, Fragson, Mayol, Maurel, Morton, Sulbac, Claudius, et côté femmes, Anna Thibaud, Yvette Guilbert, Polaire, Paulette Darty, et Anna Held avant que Ziegfeld ne l'enlève.

L'été, ces deux géants ont toujours leurs pendants dans les jardins des Champs-Élysées: les *Ambassadeurs*, célèbres par le

La plupart des théâtres se cantonnent dans leur grand succès annuel (le seul, à vrai dire, qui tienne longtemps l'affiche), j'ai nommé Clôture.

La foule, dont l'esthétique se règle sur la digestion, affirme sa préférence pour les spectacles qui grouillent sous les ombrages des Champs-Élysées, car là, du moins, comme disent les bonnes gens, «le fond de l'art est frais».

Willy
Poissons d'avril, 1896

161

PROMENOIR 2
LOCATION
TOREADOR

162

38. - PARIS. - Le Moulin Rouge
MOULIN ROUGE
MOULIN ROUGE
ESTACADE PROVISOIRE PENDANT LES TRAVAUX
TAVERNE DU MOULIN ROUGE

163

164

monde élégant qui s'y presse, où l'on peut applaudir Eugénie Fougère, Paulette Darty, Duclerc, Yvette Guilbert, Anna Held, Mayol, Sulbac, Plébins et Brunin; l'*Alcazar d'été,* plus populaire, où se produisent Polaire, Fragson, Polin, Dranem et Judic; et l'*Horloge* qui, en 1892, devient *Jardin de Paris,* complexe bal-concert où s'exhibe, autour de l'orchestre, le ''Quadrille naturaliste''.

Passer systématiquement en revue les autres salles parisiennes serait à la fois fastidieux et impossible. Certaines d'entre elles par la qualité de leur spectacle se détachent du lot:

Parisiana, sur les boulevards, est à partir de sa reprise en 1897 par les frères Isola le troisième établissement de Paris. Après Paulus, qui inaugure la nouvelle direction, une pléiade de vedettes y passe; Vilbert en est le pensionnaire immuable. Repris en 1905 par Ruez (autre grand entrepreneur de spectacles

162. *Le bal du* Moulin Rouge *du boulevard Clichy, ouvert en 1889 par Zidler et Oller, n'est pas seulement cette salle où Toulouse-Lautrec a peint les gigoteuses du « quadrille naturaliste ».*
164. *C'est aussi un jardin en terrasse avec attractions et petits ânes, café-concert en plein air et cet éléphant gigantesque tournant le cul à la place Blanche* (163), *vestige de l'Exposition universelle transformé en petit théâtre intime où les amateurs viennent se rincer l'œil aux exhibitions de la « danse du ventre », ou se tordre de rire aux vocalises du Pétomane.*

165

LE COURRIER FRANÇAIS
PURGATIF GÉRAUDEL
Saxoléine
Pétrole de Sûreté
Si vous toussez
PRENEZ DES
PASTILLES GÉRAUDEL
Coulisses de l'Opéra
MUSÉE GRÉVIN
QUINQUINA DUBONNET
APÉRITIF
Dans tous les Cafés
Saxoléine
La Boite 1f 50
DANS TOUTES LES PHARMACIES
Saxoleine
PÉTROLE DE SÛRETÉ
Yvette Guilbert
Halle aux Chapeaux
Depuis 3f 60
VIN MARIANI
POPULAR
FRENCH TONIC WINE
LIDIA
Régénérez vous
Par le Sirop Vincent
Dans Toutes Les Pharmacies
QUINQUINA DUBONNET
APÉRITIF
Dans tous les Cafés

du début du siècle), *Parisiana* joue des revues. Boulevard de Sébastopol se trouve l'*Éden Concert,* dont les vendredis classiques ravissent les amateurs de bonne chanson. Ouvrard, Polin, Anna Thibaud s'y produisent et c'est là qu'Yvette Guilbert chante pour la première fois ''Le Fiacre'' de Xanrof. Tout proche, le *Concert Parisien,* sous la direction de Dorfeuil, a aussi une troupe solide: Dranem, Max-Dearly et Mayol s'y retrouvent à leurs débuts; ce dernier lui donne son nom en le rachetant en 1909. Plus à l'est, boulevard Voltaire, *Ba-ta-clan,* gigantesque pagode de deux mille places, est repris éphémèrement en 1892 par Paulus qui y monte des spectacles de qualité (avec Bruant et Mévisto aîné); il passe ensuite entre les mains d'Habrekorn, qui n'est guère plus heureux et retrouve le succès sous la direction de Madame Rasini qui y présente des revues très déshabillées.

A Montmartre, la *Cigale* et la *Gaîté-Rochechouart* se spécialisent dans la revue. On peut y applaudir Mistinguette, Marnac, Louise Balthy et, côté hommes, Chevalier, Raimu, Dorville, Milton. En 1896, le *Divan Japonais,* repris par Gaston Habrekorn, révèle Yvette Guilbert. Elle passe aussi au *Moulin Rouge* où «le père Oller fit construire une salle de caf'conc' d'hiver, dans le fond de la salle de bal et parallèle au jardin. On y trouvait des fauteuils et même quelques loges au premier sur un côté» (Jacques-Charles). Dickson et le Pétomane sont au nombre des vedettes. En 1896, les *Décadents* repris par la gommeuse Duclerc prennent son nom: sa grande attraction est un pendu au visage et au crâne entièrement rasés, balançant au bout d'une longue corde, devant lequel tout Paris défile. Toujours à Montmartre, l'*Européen,* rue Biot, reste au contraire fidèle à la tradition du café-concert et continue à accueillir, bien après la guerre de 1914, sur la scène où Jane Bloch, Polaire et Fragson firent leurs débuts, Esther Lekain, Mayol, Damia et Georgius.

D'autres grandes salles, comme la *Pépinière* où se retrouvent «tous les genres de domestiques parisiens, voire même des femmes de ménage et des concierges», ou dans des quartiers éloignés, proposent des artistes de deuxième ordre qui reprennent le répertoire et les tics des grandes vedettes, à l'image du jeune

165. *Le rideau de scène des* Ambassadeurs, *entièrement couvert d'affiches de Chéret, en 1895.*

Chevalier « imitant tantôt l'un, tantôt l'autre en ajoutant à tous un petit zeste de Dranem ». Gilbert, par exemple, est « le Mayol des Tournelles » ; il y en a bien d'autres ! Ce ne sont pas pour autant de petits beuglants que les *Folies-Belleville*, la *Gaîté-Montparnasse* (qui reste un brillant café-concert) ou, au Point-du-Jour, les *Bateaux-Omnibus* et le *Cadran* que décrit Huysmans : « Dehors, des ribambelles de couples arrêtés regardent les séduisantes annonces des beuglants, — Café-Concert des Bateaux omnibus ; Café-Concert du Cadran. Les gens se tâtent : dans lequel entrer ? Tous deux semblent immenses ; ils étalent des façades en bois peinturluré, découpées à la mécanique, bâties à la diable, déteintes par tous les soleils et par toutes les pluies. Une senteur foraine s'exhale de ces baraques mal assises, qu'on s'imaginerait devoir être emportées, quelque soir, à la suite d'un train de maringottes, dans les bagages d'un cirque ou d'un champ de foire ; si vastes qu'elles soient, elles sont pleines.

167

168

Le public se divise en deux catégories qui se frôlent, mais ne se fondent point: en haut, du peuple en casquette de soie ou en casquette américaine, à visière droite — quelques femmes en cheveux, des enfants sur des genoux, des brûle-gueule qui charbonnent, des chiques qui fusent. En bas, de la petite bourgeoisie de boutique, des ménages endimanchés, très propres; des chapeaux melon; des redingotes noires sans un pli, en bois, avec des collets qui remontent dans les oreilles, des redingotes noires dont la provenance du Pont-Neuf ou de Godchaux est sûre. Le brûle-gueule a disparu, il est remplacé par la pipe en bruyère et en écume. La distinction ne va pas jusqu'au cigare.

Un ou deux pourtant fument, épandant une odeur de choux dans des fentes poilues de bouches, des cigares à cinq centimes, nidoreux et mous. Il est certain que ces assistants ont mis les volets de leur boutique, emporté dans leur poche le bec-de-cane et que, jusqu'à l'heure du dîner, ils vont s'ébattre, pour oublier les transactions, le paiement des broches, les achats disputés, les difficiles ventes. »

166. *Le Casino du Point-du-Jour porte un bien joli nom pour un si modeste établissement populaire (détail d'une carte postale); il a pour voisin le* Concert des Bateaux-Omnibus *sur la rive droite de la Seine* (168). *Dans un autre quartier éloigné du centre,* Bobino *est le concert populaire de la rive gauche* (167).

169

Si l'on descend encore un échelon, on trouve de vrais beuglants où l'on sert encore le bock et la cerise à l'eau-de-vie traditionnels sur des tablettes. Ce sont, par exemple, le *Petit Casino,* « où il y en a pour tous les goûts, toutes les oreilles — surtout ceux qui n'en ont pas » (Chadourne), ou la *Ville Japonaise* décrite par Chevalier, qui y passe à ses débuts : « Le public se composait en majorité de vieux rentiers paillards qui venaient avec des jeunes femmes qu'ils entretenaient et de beaucoup de commis voyageurs attendant l'heure du train pour la gare de l'Est... Mauvais public, indifférent aux efforts des artistes d'ailleurs recrutés dans la plus lamentable qualité de la profession par des agents lyriques de la même envergure. »

En nous refusant, comme Chadourne, à passer en revue « des salles de second, de troisième et de quinzième ordre qui pullulent à Paris », nous pouvons noter que les plus humbles d'entre elles se résument à une salle avec des chaises, un poêle, un piano et une petite scène. Ainsi les *Folies-Cluny :* « C'est une pièce basse, de modestes proportions et d'une rare simplicité, traversée au

169. *La planchette annonce Demay au programme (dessin de F. Lunel paru dans le* Chat Noir *en 1887).*

milieu par une colonne et terminée par une petite scène dont un piano touche les pieds. L'assistance, presque toujours nombreuse, est mêlée d'étudiants et d'ouvriers venus avec leurs compagnes. Pour douze sous, si je ne m'abuse, on boit et l'on fume en entendant des fragments d'opéras et des pochades. La troupe, encouragée par de généreux bravos, est étonnante d'entrain, et le gérant lui-même, le père Adolphe, après avoir versé le café et le cassis monte lui-même sur les tréteaux.» Ce petit établissement, à l'ambiance bon enfant et qui découle tout droit des anciens caveaux du Quartier latin, est, en fait, une exception. Dans un cadre semblable, on trouve généralement «un comique et douze femmes» (Polin) qui n'ont pas intérêt à être farouches si elles veulent garder leur modeste engagement: c'est le profil type du beuglant de province.

La province a en effet rapidement emboîté le pas à Paris et il n'est pas de chef-lieu de canton qui n'ait son café-concert. Bien entendu, «à part quelques grandes villes telles Marseille, Lyon ou Bordeaux, il n'existait guère de caf'-conc'». Marseille est certainement, après Paris, la ville la plus importante. L'*Alcazar,* où les répétitions sont publiques (ce qui irrite Paulus, qui lors de son premier passage, ne voulant pas fatiguer sa voix, manque de se colleter avec la salle, est la clef de tout le Midi pour les artistes qui s'y risquent: quand le jeune Chevalier, mort de trac, arrive à dompter l'un des publics les plus difficiles de France, Franck, l'administrateur, peut sans mentir lui dire: «Est-ce que tu te rends compte, petit, que tu viens de gagner toute la province, parce que l'*Alcazar* de Marseille, tu sais, c'est un peu l'Opéra du concert.» Le *Palais de Cristal,* son concurrent, sous la houlette du sieur Pompei, est tout aussi redoutable pour les débutants: Mayol (tout comme Eugénie Buffet) y ramasse une veste magistrale. A Lyon, le *Casino* et l'*Eldorado* se livrent une concurrence implacable et débauchent les meilleurs artistes parisiens, y compris Plessis et Paulus. A Bordeaux, on va l'hiver aux *Quinconces* et l'été aux *Bouffes:* dans ces établissements très huppés, le parterre est réservé au «Tout Bordeaux». A Toulouse, capitale du bel canto, il y a le *Casino* et le *Jardin Oriental,* où

Paulus connaît ses premiers succès et épouse la fille du directeur. A ces quelques exceptions près, la province est le domaine du beuglant.

L'industrie du café-concert

Plusieurs centaines de concerts ouverts dans toute la France font travailler des milliers de chanteurs, comédiens, musiciens, costumiers et autres garçons de salle. Le concert est une véritable industrie, organisée et hiérarchisée. Rien de commun, bien sûr, entre la *Scala* et le *Café Drugé* de Joigny, les *Ambassadeurs* et le *Tambourin* des Arcs... Il y a d'un côté les grandes salles, à Paris comme en province, et de l'autre les beuglants aux pratiques en tous points lamentables. Ouvrard, dans ses Mémoires, divise les directeurs en trois catégories: les directeurs artistiques, les directeurs commerçants et les marchands d'eau chaude, ces derniers ne tenant que des beuglants de petites villes. Les grands directeurs sont rares et respectés des artistes. Ainsi Renard qui, pendant vingt ans, dirige l'*Eldorado,* « le vrai », précise Ouvrard: « Ce directeur pensait évidemment à ses affaires. Il lui était très certainement agréable de réaliser de gros bénéfices, mais la question artistique tenait la première place de son programme. Il était le véritable censeur des œuvres interprétées chez lui et possédait un réel discernement pour savoir attribuer à chacun de ses pensionnaires les chansons ou les rôles convenant à leur nature. » Chadourne confirme « qu'à l'*Eldorado* aucune œuvre n'était créée qu'après avoir été examinée et acceptée par la direction » et considère cette pratique comme tout à fait exceptionnelle car « à part trois ou quatre, la plupart (des directeurs) sont très communs et ne se distinguent que par des appétits commerciaux »: ce sont les directeurs commerçants. « Dans les autres grands concerts, le principal but est de gagner de l'argent. On y arrive très souvent grâce à la beauté des décors, à la richesse, à la magnificence des costumes. Car pour cela la direction ne se met pas en retard — et voilà les directeurs commer-

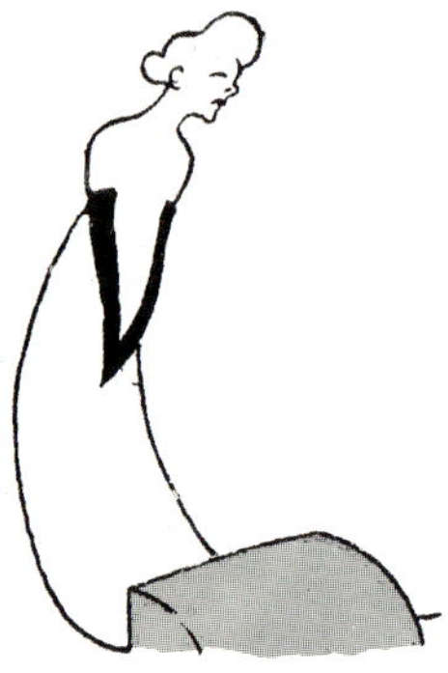

170

170. *Yvette Guilbert par Roubille.*
171. *Une chanteuse « genre espagnole », dans une mise en page à la Toulouse-Lautrec, par Roubille.*

171

EDEN CONCERT
TARIF
DES CONSOMMATIONS.
BIÈRE, le Bock
CAFÉ
COGNAC
SELTZ, le demi-siphon
VERRE-D'EAU
40c
CÉRISES
PRUNES
ABSINTHE
AMER PICON
BITTER
VERMOUTH
GROG ordinaire
50c
SIROPS assortis
LIMONADE fraîche
GROG au vin
PUNCH
KIRSCH
ANISETTE
CURAÇAO
MENTHE
GENIÈVRE
RHUM
KUMMEL
WISKY
GIN
RASPAIL
CRÈME cacao
THÉ
LAIT
60c
FINE CHAMPAGNE
CHARTREUSE jaune
MARIE-BRIZARD
GROG américain
75c
MALAGA
MUSCAT
MADÈRE
PORTO
FRONTIGNAN
XÉRÈS
BAVAROISE
SODA
1/2 GAZEUSE
1/2 GLACE
75c
CHARTREUSE verte
LIMONADE glacée
SIROPS glacés
1f
1/2 PALE ALE
1/2 STOUT
GLACE
1f25
SHERRY GOBLER
SORBET
1f50
PALE ALE
STOUT
BORDEAUX
CHABLIS
SOYER
2f
CHAMPAGNES
1/2 MOET 6.50
MOET 12. »
CLIQUOT 15. »
RŒDERER 15. »
LITH. F. APPEL. PARROT & Cie SUCCrs. 12. R. D. DELTA. PARIS

173

174

çants qui s'imaginent avoir fait une trouvaille lorsqu'ils ont pour leur affiche un titre de pièce ronflant. La partie de concert est neutralisée, mais le changement de pièce fait parfois encaisser des recettes et ce dernier détail paraît suffisant.» (Ouvrard.) Georges Montorgueil résume brillamment la politique artistique des directeurs: «Au fond, ils consultent leur caissier et c'est peut-être encore ce qu'ils ont de mieux à faire.» Ils tiennent l'article qui se vend, autant dire qui plaît.

Pour augmenter encore les recettes, que de prodiges de ruse et d'ingéniosité. A l'*Alcazar* de Marseille, ce sont les répétitions publiques, «coutume chère aux mercantis-directeurs» et qui scandalise Paulus lors de son passage. Au *Casino* de Lyon, Paulus nous rapporte un autre «truc» de la direction: «En ce temps-là, dans presque tous les cafés-concerts, vers le milieu de la soirée, à l'entracte, un écriteau surgissait disant: on est prié de renouveler. Car on ne payait pas d'entrée, mais les consommations étaient taxées en conséquence... le dimanche, le concert commençait à cinq heures et demie... La première partie durait une heure... le rideau descendait du cintre et l'écriteau apparaissait: «on est prié de renouveler». La salle protestait, mais faiblement. On tenait à entendre Nicol, annoncé dans la deuxième partie... la deuxième partie commençait. A sept heures et demie Nicol la finissait avec son succès habituel. Rideau. Réapparition de l'écriteau. Oh! alors le public la trouvait mauvaise! Les protestations résonnaient de tous côtés. Le papa Guillet restait sourd à ces manifestations: il souriait, se frottait les mains, sûr du résultat.» Et le public cédait. Toutes les heures, même système. «Total pour les cinq parties, cinq consommations par spectateur et, pour la caisse du directeur roublard, cinq recettes dans la soirée.»

Talentueux ou pas, honnêtes ou non, les directeurs sont avant tout des patrons qui règnent avec un pouvoir absolu sur leur petit monde. Ainsi Dieudonné, le directeur du *Casino* d'Avignon, s'en prend à son trombone:

— Ah, çà, mais qu'est-ce que vous faites donc? Pourquoi cessez-vous de souffler?

175

172. *Sur ce tarif des consommations affiché à l'*Eden, *nous pouvons rêver et faire aujourd'hui le compte d'une soirée au café-concert.*
173. *Le garçon.* 174. *Le régisseur.*
175. *Le gérant (vus par H.-G. Ibels).*

177

176

— Mais Monsieur, il y a une pause, je compte les mesures.
Et le directeur de s'indigner:

— Alors vous croyez que je vous paie pour compter les mesures? Ça, ma bonne peut le faire, s'il en est « de besoin ». Soufflez, allons soufflez que je vous dis... Ah çà, qui est-ce qui paie ici? S'il n'y a rien de marqué, inventez... Je vous paie pour jouer, il faut jouer, je ne connais que ça. »

Comiques ou tragiques, ces anecdotes sont révélatrices des rapports de force existant entre la direction et les artistes: même les plus grands, protégés par des contrats signés en bonne et due forme, sont vulnérables au bon vouloir de leurs maîtres. Paulus est expulsé de l'*Eldorado* en 1878 par le prestigieux Renard, dont il dit par ailleurs le plus grand bien. Si l'on en croit Paulus, ses rapports s'étant dégradés avec la direction, voici ce qu'on lui

176. *Un grand patron : Ducarre par Toulouse-Lautrec (1893).*
177. *Le « beuglant » de province ouvert par un « marchand d'eau chaude » (dessin de Louis Oury).*
178. *Un m'as-tu-vu : « J'ai créé "Tiens, sens ma chaussette !" chanson qui s'est chantée partout. » (Steinlen).*

178

fait : « On me mit un jour au programme, et sans m'en avoir prévenu, à huit heures un quart, moi qui ne passais jamais avant Amiati et Perrin ! J'arrivai, me croyant en avance, juste au moment où il me fallait entrer en scène... Pris d'un excès de fureur je courus chez le directeur, réclamant une résiliation immédiate. Froidement, il me répondit que par notre traité il était en droit de me faire passer au tour qu'il lui plaisait. »

Pour être juste il faut citer quelques cas exceptionnels, comme Dorfeuil, directeur de *Bataclan,* des *Concerts Parisiens* et de la *Gaîté-Montparnasse,* qui engage Mayol : « Je n'ai besoin de personne mais je vous engage pour faire plaisir à Reschal », et qui, quand Max-Dearly le quitte, lui fait promettre que son dédit est payé par son concurrent et lui en donne la moitié pour s'acheter un habit neuf... Ces exceptions mises à part, si les vedettes doivent s'incliner, elles ont au moins la certitude de pouvoir rapidement retrouver un engagement : les artistes qui font fièrement suivre leur nom de « vedette de la *Scala,* des *Ambassadeurs* ou de l'*Eldorado* » passent de l'un à l'autre sans problème, et la province se les arrache. Pour les petits, c'est une autre affaire, et leur titre d'« artiste des concerts de Montrouge » ou « des concerts de Paris », ce qui bien sûr ne veut rien dire, les met à la merci des exploiteurs, agents, impresarii et marchands d'eau chaude. Le titre d'artiste, qu'on peut s'attribuer après quelques leçons de chant, fait qu'ils pullulent et forment un immense troupeau d'inactifs. C'est autour du passage de l'Industrie — où chez Scotto, Bosc, Borel-Clerc et autres Gabaroche les chanteurs vont constituer leur répertoire — que traîne la foule des cabots : ils peuvent voir chez Batifol ou Pagès les gloires du moment et vont prendre un verre au café du *Globe,* véritable foire aux cabots. Jacques-Charles a bien rendu l'atmosphère qui y règne : « On se sentait quelque chose de tendu, l'anxiété d'une centaine de pauvres diables quêtant le moindre geste des personnages importants qui naviguaient entre les tables et s'arrêtaient parfois pour leur jeter négligemment une offre :

— Trois jours à Amiens, à 20 francs, voyage payé en troisième classe, ça va ?

— Samedi, dimanche, quatre représentations à Versailles, cinq francs par jour ? »

A côté de ces agents « aux pieds humides » qui exercent leur minable activité de café en café, il y a les « agents lyriques » installés autour du passage Brady... C'est là que Chevalier se retrouve un « beau » jour, à ses débuts, confronté à l'impresario Dalos : « Un petit homme brun, ancien mauvais artiste, qui s'était mis agent comme d'anciens boxeurs deviennent managers. Il habitait au troisième d'une vieille et pauvre maison du passage Brady, un logement qui se composait de deux petites pièces. L'une servait de salon de réception, sans chaises, l'autre de bureau, sans bureau. Tous les lundis, les directeurs des petits concerts de Paris venaient chez lui, afin d'y engager les numéros

179

de leurs programmes à venir. Une foule de petits artistes s'empilait dans la première pièce et débordait dans tout l'escalier. De temps en temps, Dalos ouvrait la porte de son bureau pour chercher parmi tous ces visages angoissés ceux qui bénéficieraient d'un engagement pour la semaine suivante. Il appelait un nom. L'élu se précipitait presque puis ressortait du bureau tenant avec ostentation une feuille qui servait de contrat. En voilà un qui était paré pour l'immédiat. Les autres hommes et femmes guettaient la porte, cherchaient les yeux de Dalos avec des expressions de mendiants. »

Les malheureux qui sortent de chez l'agent, qui leur prend 10%, ne savent pas à quoi ils viennent de se soumettre! Chadourne cite de larges extraits d'un contrat qui lui a été confié par une chanteuse. Nous reproduisons ces pages, sans rien y ajouter:

« Sur dix-neuf articles, dix-huit sont contraires aux intérêts de l'artiste. Presque tous commencent par : « L'artiste s'engage... » Seul, le directeur ne s'engage à rien. Je comprends maintenant le soin avec lequel ceux qui s'y sont soumis cachent de pareilles condamnations.

Condamnation n'est pas exagéré. En effet, en dehors du droit de tuer, aboli en fait depuis longtemps dans notre société, et du droit de battre, de cravacher, réservé aux impresarii américains, quel pouvoir cet engagement refuse-t-il au directeur sur ses artistes, sur ses esclaves?

Voici le premier article, le plus doux sans nul doute, celui qu'on a doré pour faire passer les autres. Je le cite textuellement:

« Art. 1er - Mademoiselle D... s'engage à remplir au *Concert d'Italie*, à Vincennes, ou tout autre qui lui sera désigné par le directeur... »

Pourquoi pas à Vannes ou à Gap?

« Et même deux fois par jour, l'emploi de chanteuse de genre jouant dans l'opérette ou le vaudeville, à tenir ledit emploi en chef ou en partage, À LA SEULE VOLONTÉ DU DIRECTEUR »

Le Czar ne parlerait pas mieux.

« A se fournir de tous costumes, perruques, accessoires, rôles,

179. *Le public, la salle et les artistes du café-concert de province, tels que les voit Léonce Petit sous le second Empire, en 1860, ne changeront guère jusqu'à la fin du siècle.*

180. *Le* Concert Parisien, *37 faubourg Saint-Denis, a comme beaucoup d'autres concerts son propre journal à 15 centimes vendu dans la salle avec les refrains du jour.*

partitions et orchestrations dont il sera besoin; à apprendre les rôles qui lui seront distribués savoir: pour l'opéra et l'opérette, un acte en huit jours, deux actes en dix jours, trois actes en quinze jours, quatre et cinq actes en trois semaines; pour la comédie et le vaudeville, cinquante lignes de poème par jour et, pour le drame, un drame, quelle que soit sa longueur, du lundi matin au dimanche soir. »

Est-ce assez corsé? Quelle mémoire il faut! Quelles facultés puissantes d'assimilation, de diction! Il y a de quoi faire frissonner un homme de génie.

Mais continuons:

« Art. 3 - L'artiste s'engage à se conformer aux usages et règlements, à assister à toutes les leçons, ensembles et répétitions qui seront indiqués au billet de service, MÊME APRÈS LE SPECTACLE. »

Même après le spectacle!

Donc, point de repos. Et si la débutante n'a pas une bonne pour faire son ménage, s'occuper de ses provisions et préparer le repas, comment en sortira-t-elle?

Passons à l'article 4.

Qu'on me réponde s'il n'est pas atroce!

« Le directeur se réserve le droit de résilier le présent engagement après les premiers mois, en prévenant l'artiste huit jours à l'avance, même DANS LE CAS OÙ L'ARTISTE AURAIT RÉUSSI DANS SES DÉBUTS. »

Si, quand elle réussit, elle peut être congédiée, à quoi ne doit-elle pas s'attendre quand ce début ne donne qu'un résultat douteux! Puis, la moindre calomnie engendrant la brouille, qu'on juge à quel léger fil tient l'avenir de l'actrice!

Pour ne pas perdre le goût du vinaigre, lisons encore ceci:

« Art. 5 - En cas de maladie de l'artiste, les appointements de l'artiste sont suspendus de droit. »

Juste au moment où l'artiste aurait besoin de secours, de tranquillité pour se remettre; où la charité et l'intérêt bien compris s'uniraient pour conseiller au directeur un peu de condescen-

180

dance, juste à ce moment, il lui ferme sa bourse et abandonne l'infortunée à son sort. »

L'artiste à qui l'on propose ce contrat est, d'après Chadourne, « ancienne élève du Conservatoire, pouvant rivaliser avec les premiers sujets de l'Opéra-Comique... » Cela laisse deviner le sort réservé aux débutantes moins douées...

« Art. 7 - Il sera payé par le directeur, à titre d'appointements, la somme de cent cinquante francs par mois. »

Vous avez, Mademoiselle, CENT CINQUANTE FRANCS par mois à toucher. Eh bien, voici l'article 14, aussi grand que le roi porteur de ce numéro, qui va vous apprendre que vous ne les méritez même pas, puisque, « pour faciliter le succès de l'entreprise, l'artiste s'engage à jouer dans la saison dix rôles de complaisance. »

On ne saurait évidemment trop se sacrifier pour favoriser le succès d'un homme si probe, si désintéressé, si généreux.

Aussi, comme il récompense bien ses administrés ! avec quelle faveur, quel luxe il les traite !

« Art. 15 - Le directeur remboursera à l'artiste son voyage en troisième classe. »

Un peu plus, il la mettrait dans le wagon à animaux. »

La traite des chanteuses

André Ibels a consacré un ouvrage entier à la condition des artistes féminines au concert. Regorgeant de témoignages pris sur le vif, ce livre nous laisse voir l'image vraie des beuglants de province dont plusieurs centaines sont énumérés dans le texte, département par département. Ils sont pourvus par des agents de bas étage. « Quand une dame se présente, le premier soin de la personne préposée à l'agence est de voir si elle est jolie ou laide, âgée ou jeune: si elle se tient crânement, si elle a le ton déluré d'une soubrette, la face narquoise des paysannes, l'air goguenard des voyous. On cherche même à s'assurer si, le cas échéant, elle disposerait d'une belle paire de mollets ou de cuisses... Si la femme est gentille, on lui demande aussitôt son âge, son adresse. Le but de ces questions est visible: trafiquer non seulement du talent mais des charmes d'une créature qui se fie à vous» (Chadourne). Malgré leur atrocité, ces agents ne sont pas ce qui existe de pire. En effet, les marchands d'eau chaude, si l'on en croit leur correspondance, recherchent des jeunesses: «Monsieur, je voudrais six ou sept débutantes, jeunes encore et qui soupent.» Ou bien: «Avez-vous primeurs?» A quoi les intéressés répondent: «Vous envoie primeurs et demi-vierges. J'espère qu'elles ne le seront plus bientôt.» Ibels cite des agents spécialisés style «Du Mec» (entendez: Duhem), qui placent au coin des rues des annonces alléchantes qu'ils vont jusqu'à intituler: «Aux ouvrières sans travail...» ou «Avis aux demoiselles»... Les pauvres malheureuses qui se font prendre dans leur filet ne savent pas ce qui les attend! Il s'agit tout simplement d'une version déguisée de la traite des blanches. Après avoir appris, sans se soucier du résultat, deux chansons (elles n'ont pas besoin de plus), les agents les envoient dans les provinces. «Certes, il faut en convenir, si répugnant que soit l'agent lyrique, ce serait peut-être lui faire injure que de le comparer au tenancier de beuglant. A l'échelle de l'ignoble, il faut un échelon final» (Ibels). «Le tenancier est généralement un ancien marchand de vins qui, sur le point de fermer boutique, ne voit d'autre moyen, pour éviter la faillite à laquelle il est acculé, que d'avoir recours à la prostitution clandestine.»

La recette est simple: il se met en contact avec un agent véreux. Celui-ci lui envoie un ou deux hommes, cabots de dernière catégorie, si possible comiques, et six à huit filles. Ces dernières sont soumises à deux épreuves: la quête et le souper. Les artistes étant à peine payées, elles doivent après chaque passage aller vers le public qui, en échange de sa générosité, réclame des compen-

181

181. *Dessin d'Emmanuel Marcel.*
182. *Duhem, surnommé «Du Mec», régisseur de l'*Horloge*, mais aussi artiste-auteur, se fait «professeur» pour attirer les demoiselles en chômage.*

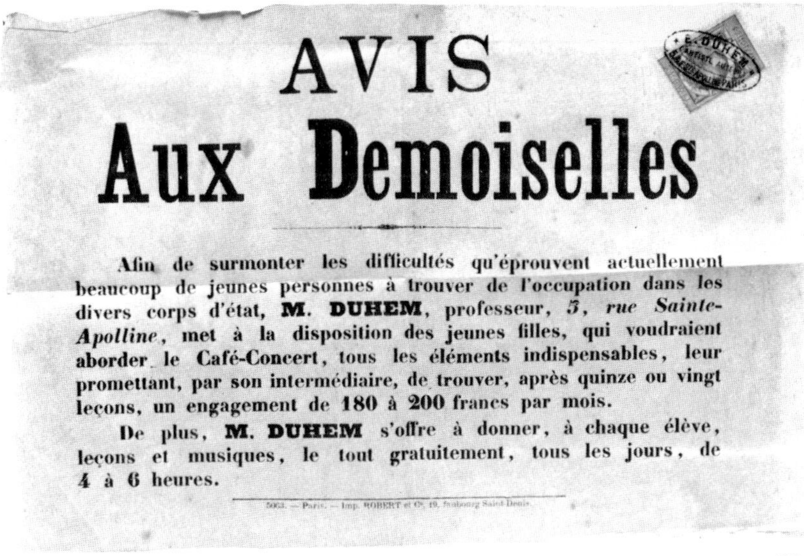
AVIS

Aux Demoiselles

Afin de surmonter les difficultés qu'éprouvent actuellement beaucoup de jeunes personnes à trouver de l'occupation dans les divers corps d'état, **M. DUHEM**, professeur, *5, rue Sainte-Apolline*, met à la disposition des jeunes filles, qui voudraient aborder le Café-Concert, tous les éléments indispensables, leur promettant, par son intermédiaire, de trouver, après quinze ou vingt leçons, un engagement de 180 à 200 francs par mois.

De plus, **M. DUHEM** s'offre à donner, à chaque élève, leçons et musiques, le tout gratuitement, tous les jours, de 4 à 6 heures.

182

sations... Il s'agit tout bonnement de mendicité obligatoire. Eugénie Buffet, qui est passée par là, en parle: «Je finis par décrocher un petit contrat mais qui ne m'apportait nullement la sûreté dont j'avais besoin: c'était encore un café à quête que l'on m'offrait, un de ces cafés comme j'en avais tant vu et tant fréquenté, où ma jeunesse et je puis bien dire ma beauté étaient plus remarquées que mon talent.» Pour vivre de la quête il faut être jeune, mignonne et peu farouche... Certains concerts du midi demandent plus aux chanteuses. «Elles s'engagent en outre à rester tous les jours de deux à quatre heures l'après-midi, dans la salle du café, et à répondre aux personnes du dehors désireuses de consommer, d'assister aux répétitions ou d'être renseignées sur la troupe, le programme, les représentations» (Chadourne). Tout un programme. C'est le soir que commencent les choses sérieuses: les pauvres filles doivent de toute façon en passer par là, car on leur donne 150 francs par mois (résiliables à la quinzaine!), moins 10% à l'impresario, moins 90 francs de pension obligatoire, et elles doivent être au concert à sept heures jusqu'à onze heures et demie, fin du spectacle. Mais toute artiste doit rester jusqu'à deux heures du matin, heure de fermeture: «Il sera rigoureusement interdit à l'artiste de s'attarder et de prendre des consommations dans la salle du rez-de-chaussée. Mais les clients qui voudraient causer ou consommer devront se rendre au foyer de l'entresol jusqu'à la fermeture du concert.» Le foyer, c'est le salon, et le concert est un bordel. Un dernier exemple peut compléter le tableau: à Rouen, à la fin de chaque soirée, le «personnel artistique» organise une loterie. Les lots sont les chanteuses elles-mêmes: «Chacun des gagnants est en droit de réclamer une nuit la compagnie d'une de ces demoiselles.» Dans l'ignoble, on ne peut guère aller plus loin.

AMBASSADEURS
DRANEM
A. Barrère
Imp. CHARLE VERNEAU 114 Rue Oberkampf. PARIS.

184

Ainsi des milliers de filles qui rêvent d'être artistes se retrouvent condamnées à la mendicité et à la prostitution. On les envoie aussi à l'étranger « car c'est à la France (chère et glorieuse patrie, va) que l'étranger est encore redevable de ses beuglants, car cette importation, de même que le champagne — accessoire obligatoire de la noce obligatoire —, est essentiellement française ». La Russie (notre grande alliée !), la Hollande, le Portugal, la Belgique, l'Autriche-Hongrie, l'Espagne se les arrachent.

Enfin Dranem vint...

Nous sommes en 1900, à l'*Eldorado*. Un comique entre en scène en courant, comme poursuivi. Un petit chapeau dans le genre de celui des marins américains sur un crâne chauve, les joues et le nez maquillés en rouge, mais les lèvres blanches. Il porte une petite veste étriquée, des pantalons à carreaux, trop larges et trop courts, il est chaussé d'« énormes godasses sans lacets ». Il s'arrête devant le trou du souffleur et chante les yeux fermés, qu'il n'ouvre que pour simuler la frayeur de débiter pareilles incongruités. C'est Dranem. Il restera vingt ans à l'*Eldorado*.

Le comique de Dranem, son répertoire que personne après lui n'oserait reprendre sont indéfinissables : on ne peut lui donner que l'étiquette de « comique-comique », ce qui est peu, ce qui est beaucoup. Comment peut-il en être arrivé à chanter "Ah ! les p'tits pois, les p'tits pois, les p'tits pois", "J'suis fils d'un gniaf", "J'ai deux quetschiers dans mon jardin", "Boutique à louer", le "Trou de mon quai", "Pétronille, tu sens la menthe"... ? Avant de retourner son nom, Armand Ménard (1869-1935) n'est pas le fils d'un cordonnier, mais d'un bijoutier. Il débute au café-restaurant de la Verrerie, où se produit Montéhus. En 1894, il est engagé à l'*Électric-Concert* du Champ-de-Mars comme chanteur comique « genre Polin », puis à l'*Époque* et au *Divan Japonais,* où il doit surprendre quelque peu les amateurs des chansons sensuelles d'Habrekorn. Après avoir interprété à lui

183. *Dranem, qui débite ses monologues et ses chansons les yeux clos, va devenir la nouvelle grande vedette (affiche de A. Barrère).*
184. *On fera même de Dranem des statuettes-souvenirs en régule.*

185

186

187

seul une demi-douzaine de rôles comiques dans une revue, il est engagé au *Concert Parisien*, en 1897, en même temps que Mayol et Max-Dearly. Mais il ne reste pas longtemps comique troupier.

Son répertoire inepte de chansons idiotes (et scabreuses) est certainement l'un de ceux qui ont suscité le plus d'enthousiasme auprès d'un public intellectuel. «Je n'ai rien fait, et j'ai déjà un petit nom. On en ferait une chanson pour Dranem», note Paul Léautaud dans son journal en 1908. Quant aux "P'tits pois" ("chant patriotique"!) de Félix Mortreuil, musique de Louis Spencer, dont on vend 250 000 exemplaires en 1904, «à n'en pas douter, ceci est un texte où le génie scintille à l'état pur», écrit Boris Vian. Mais le plus fanatique de ses admirateurs est André Breton. Dans une émission du Club d'Essai, en 1953, Raymond Queneau reconnaît que Dranem a inspiré son poème "Maigrir" *(Moi, j'maigris du bout des doigts, du bout des doigts...)*: «Je ne cacherai pas le goût que j'ai pour les œuvres

Pétronille, tu sens la menthe,
Tu sens la pastille de menthe,
Tu sens la menthe pastillée
Entortillée dans du papier,
Papier, papier, papier mâché...

«Chanson idiote» de Félix Mortreuil et Eugène Joullot, musique de Borel-Clerc.

188

189

185 à 189. *Comment Dranem peut-il avoir le toupet de débiter devant un public hilare les inepties de son répertoire ? La bêtise volontaire poussée à ce point confine au génie ; c'est du moins ce que pensait Boris Vian de sa célèbre rengaine "Les P'tits Pois!"* (page suivante, 190).

qu'il chantait, je révélerai même que ce n'est pas dans ma famille que j'ai pris ce goût, mais bien chez Breton — j'entends: André Breton — qui régalait souvent les membres du groupe surréaliste d'un petit récital Dranem, de disques de Dranem, toujours fort apprécié. »

Ces lettres de noblesse ne suffisent pas à expliquer son réel succès populaire. Dranem sait ne reculer devant rien; à tel point que son répertoire n'est plus chantable quatre-vingts ans plus tard dans la France molle. Peut-être sait-il le premier se rendre compte que le café-concert a fait son temps. Comédien complet, il interprète en 1910 à l'*Odéon* le "Médecin malgré lui" de Molière, sous la direction d'Antoine. Il abandonne le café-concert et les chansons idiotes pour le théâtre et enfin l'opérette, notamment "Phi-Phi"; puis c'est le cinéma. Il écrit en 1924 un petit roman, "Une riche nature", qui ne tient malheureusement pas les promesses du titre. En réalité, Dranem est une bonne

Parlé : *Ça c'est vrai!... Je suis venu au monde commerçant!... La preuve, c'est que le jour de ma naissance, je montrais déjà ma boutique à tout le monde!... C'était de l'atavisme!... Mes parents étaient dans le commerce... à Commercy... Mon père avait ses affaires... ma mère avait les siennes... J'ai voulu avoir les miennes!... Hélas!... moi, je n'ai pas eu de réussite!... Je n'avais pas plutôt une affaire en l'air que j'en avais deux en bas!*

J'ai d'abord monté une poissonnerie... rue Poissonnière... Je me disais : c'est un commerce où l'argent rentre quand le hareng saur!... Je t'en fiche!... Chez moi, c'était comme sur le boulevard, le bénéfice des morues était mangé par les maquereaux!...

J'ai mis ma boutique à louer!...

Alors, j'ai ouvert un magasin dans lequel je vendais ma dernière invention: la machine à couver les œufs sur le plat... J'avais un gros succès... Toutes les crémières du quartier m'apportaient les œufs qu'elles n'avaient pas vendus. Je les débarrassais de leurs œufs blancs... de leurs œufs rouges... mais par la suite, ça n'a pas suffi, elles voulaient que je leur enlève leurs œufs verts!...

J'ai mis ma boutique à louer!...

(Et il y en a encore trois fois autant de la même veine...)

Boutique à louer, monologue comique, paroles de Stollé et Hadly, musique de E. Spencer.

Les P'tits Pois !

Chanson Patriotique

Paroles de MORTREUIL — Musique de SPENCER

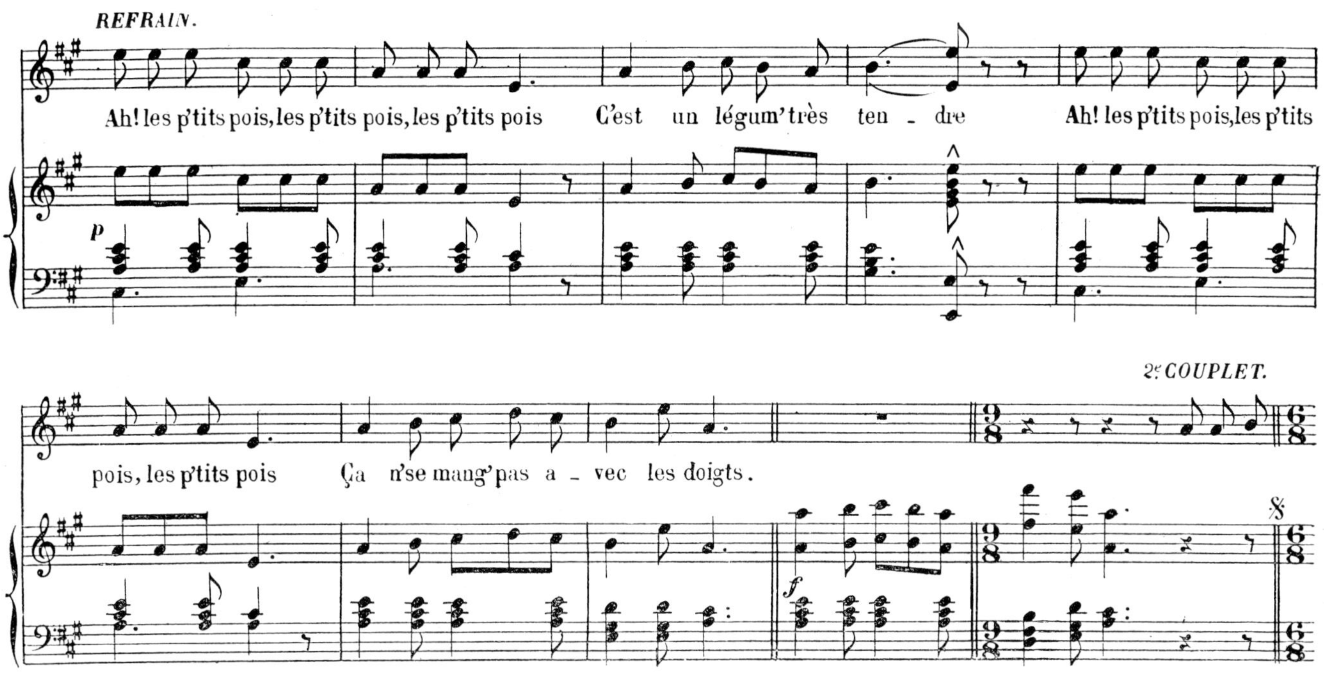

II

L'jour d' la revision militaire,
J'étais nu comme un ver de terre.
En m'tripatouillant par tout l'corps :
« Vous êt's malad' ? me dit l'major.
Quel est votre cas d'exemption ? »
En d'ssous la toise j'lui réponds :
Parlé : « Je suis cultivateur »

AU REFRAIN

III

Sitôt qu'nous arrivons sur terre,
Nous commençons d'abord par braire ;
On nous r'tourne de face et d'profil
Quand on dress' notre état civil ;
Dit's-moi, à quoi reconnaît-on
Que l'on est fille ou bien garçon ?
Parlé : On n'a qu'à mettre une robe ou
[bien un pantalon.

AU REFRAIN

IV

Dans un grand bal de ministère,
J'dansais avec une gross'douairière,
A chaqu'fois que j'la faisais valser,
Je r'cevais ses nichons dans l'nez.
Je m'disais en soul'vant c'tonneau
Qui pesait plus d'deux cents kilos :
Parlé : En voilà une qui m'a fait suer.

AU REFRAIN

V

Dans l'département d'la Charente,
Un jeun' candidat se présente :
« Vous m'connaissez depuis d'longs jours,
J'n'ai pas besoin d'fair' de discours
Et, du reste, votez pour moi
Car voilà ma profession d'foi.
Parlé : Vous allez voir que je suis répu-
[blicain. »

AU REFRAIN

VI

Quand je berçais ma rêverie
Avec Rosa, ma tendre amie,
Le soir, à l'heure des aveux
Dans les sentiers silencieux,
En la r'gardant dans l'blanc des yeux
J'lui dis d'un air mystérieux :
Parlé : Comme elle m'appelait son pigeon.

AU REFRAIN

VII

L'lend'main du mariage de Camille,
La mère demande à sa fille
Et sur un ton très empressé :
« Dis-moi comment ça s'est passé ? »
La jeune mariée d'un air content
Dit en embrassant sa maman :
Parlé : « C'est très gentil le mariage. »

AU REFRAIN

VIII

Hier soir à l'Opéra-Comique
Après l'ouverture symphonique,
On lève aussitôt le rideau.
Y avait un très gentil tableau,
Puis un'dam', plein' de gracieus'té
Est v'nue simplement nous chanter :

AU REFRAIN

IX

Si les enn'mis, comme naguère,
Voulaient envahir nos frontières,
Ils peuv'nt y venir car nous somm's prêts
Et cett' fois-ci qu'est'c'qui prendraient.
Ils s'écri'raient en s'débinant :
Au moment du chambardement.

AU REFRAIN

Cl. phot. propriété du journal.

192

193

194

191

nature: fervent mutualiste, c'est à lui que l'on doit la fondation de la maison de retraite des artistes lyriques de Pont-aux-Dames.

Si Dranem a le génie qu'on lui reconnaît et s'il éclipse pour nous tous les autres, il serait injuste d'oublier les interprètes populaires des formes les plus variées du comique excentrique. Réval, qui débute aux *Folies-Bergère* en 1869, est sans doute le créateur du genre à l'*Eldorado,* puis aux *Ambassadeurs* durant la guerre de 1870. Avec un cynisme jovial, c'est moins un chanteur qu'un diseur, qui débite ses monologues sur fond musical: "T'es belle et tu sens bon", "On dirait du veau" (scie célèbre!), le "Homard de ma femme", ou encore le "Pochard du Pont-Neuf" qui interpelle la statue de Henri IV:

Descends donc d'ton ch'val, eh! feignant!

provoquant l'enthousiasme ou l'indignation. Réval reste six ans à la *Scala* avant d'entrer en 1890 au *Casino de Paris.*

Le gros Mansuelle (1874-1938) fait sa carrière dans les beuglants et les cafés-concerts de quartier, à la *Gaîté-*

195

196

197

198

199

191 *à* 194. *Les imitateurs de Dranem ne se font pas attendre, qu'ils s'appellent Tinmar, Darier, Bastian ou même Dalila Rives, « le Dranem féminin ».*
198-199. *Mais le plus connu est le « petit Maurice », ou « Chevalier », qui deviendra Maurice Chevalier.*
195, 196, 197. *La carrière de Dranem sera longue. Après avoir quitté le café-concert pour l'opérette et le cinéma, il sera le premier à chanter à la radio une chanson publicitaire pour les Galeries Barbès.*
200, 201, 202. *Montel n'a pas que son physique pour plaire, mais aussi un répertoire choisi.*

Rochechouart, notamment, où il débute en 1900. Sa popularité est due à son physique, un embonpoint dont il tire des effets comiques, à sa jovialité et à son contact avec le public populaire. Il prend l'habitude de jouer un solo de trompette à la fin de son tour de chant, à tel point que les spectateurs réclament à grands cris: «Ugène! la trompette!» jusqu'à ce qu'il exécute son morceau avant de regagner les coulisses.

Par contraste, Montel, avec sa gueule chevaline, son gibus et sa jaquette flottante, est long et mélancolique. Sa popularité est assez grande pour qu'il puisse remplacer Dranem à l'*Eldorado* lorsque celui-ci chante à l'*Alcazar*. Son grand succès est une ''complainte tragico-comique'', scintillante d'ineptie comme une plaquette de diamants, due au génie de Bouchaud, dit Dufleuve: ''Elle était souriante''. Pendant huit saisons consécutives, Montel débite avec lenteur à l'*Eldorado* l'épouvantable histoire d'une petite châtelaine enlevée par des romanichels et mise dans une chambre malsaine tout en haut d'la rue Saint-Michel. Ces huit couplets horrifiques se terminent par le refrain:

200

201

202

203

204

205

Le lendemain, elle était souriante
A sa fenêtre fleurie chaque soir
Elle arrosait ses petit's fleurs grimpan ouan-ouantes
Avec de l'eau de son arro-se-soir.

En 1911, il se taille un nouveau succès avec une « chanson sociale » (et dont le thème est pour le moins peu courant à l'époque): ''J'ai engueulé l'patron''.

Autre gueule favorisée par la nature, celle de Dorville (Henri Dodane, 1883-1941), qui débute en 1899 au *Casino Saint-Martin*. Avec une face de grenouille, il imite plus ou moins Dranem, Mayol, Vilbert et finit, en 1904, par lancer un soir au *Petit Casino* le beuglement du phoque... Ce « ouin » fera sa gloire au music-hall, au *Moulin Rouge,* aux *Folies-Bergère,* au *Casino de Paris,* à l'*Olympia*... et même dans la publicité cinématographique.

Boucot (1884-1949), fils d'un « comique en tout genre », débute au *Théâtre des Enfants* de l'Exposition universelle de 1889. Au *Concert du Commerce,* en 1897, son nom voisine à l'affiche avec celui du petit Chevalier (qui se fera plus tard un prénom: Maurice). Boucot aborde tous les genres jusqu'au jour où, en 1908, il descend de la scène dans la salle, au milieu du public, l'interpelle, improvise avec tant de brio et de facilité que les paroliers eux-mêmes ne se plaignent pas des libertés qu'il prend avec leur texte. Il triomphe à l'*Alcazar d'été* en 1910. Boucot écrit des chansons pour Dranem, Polin, Fragson, et pour lui-même *(J'ai le téléphone)*; véritable artiste de café-

206

207

208

209

203, 204, 205. *Les comiques troupiers.*
206, 207. *Polin est resté le plus célèbre, sous forme de pot à tabac ou croqué par Sem.*
208. *C'est "L'Invalide à la tête de bois", inspiré par un conte d'Eugène Mouton datant du second Empire, qui donne naissance au genre en 1877.*
209. *Le grand et gros critique Francisque Sarcey « découvre » Polin.*
210, 211, 212. *Le répertoire de Polin, Ouvrard, Dufleuve et Ouvrard fils, est interchangeable.*

concert arrivé trop tard dans un monde qui ne connaît déjà plus que le music-hall...

Le comique troupier

« Avant l'arrivée d'Ouvrard à Paris il eût été difficile de se procurer quinze chansonnettes de troupiers. Aujourd'hui, ce genre de saynètes se compte par centaines. Certes, elles n'ont pas toutes été lancées par lui mais il a incontestablement lancé le genre », écrit Jean d'Arc dans le *Courrier Français* du 7 août 1892.

Ce genre apparaît en effet tardivement. Ouvrard, son créateur (Bordeaux, 1855), commence par exploiter le genre paysan. Le comique troupier naît en 1877 avec "l'Invalide à la tête de bois",

210

211

212

213

214

215

216

217

énorme succès; il est définitivement accompli quand, en 1891, le port de l'uniforme militaire est autorisé sur scène. Ouvrard a un physique et un jeu de scène très personnels: « Il a une façon de manœuvrer ses doigts, gantés de coton blanc — surtout l'index de la main droite — qui emballe le public. Il rythme la musique avec des choquements de genoux d'un effet irrésistible », note Paulus. Et Georges Montorgueil de renchérir : « C'est un chercheur de tics mécaniques réglés. » Cette véritable pile électrique est « un petit homme sec, maigre, rêche. Pas de ventre, pas d'estomac, un thorax ébauché, des genoux pointus, des bras anguleux; oh! des angles partout sur ce corps chétif, dans les gestes quelque chose d'automatique, une figure ravagée de rides; avec des yeux fouilleurs, pleins de malice, un nez d'opiniâtre chercheur et une bouche qui se fend en un rictus tourmenté; un masque étonnant terminé par deux pointes: en haut, le crâne, en bas, le menton; un faciès admirablement simiesque, planté à la diable sur un paquet de nerfs » (Jean d'Arc).

Cet étrange inventeur, à qui l'on doit plus de 800 chansons, abandonne assez tôt le genre à Polin pour se spécialiser dans les paysanneries. Polin, c'est « l'impérator des Dumanet » (Jean Lorrain). Né en 1863 à Paris, il débute à la *Pépinière* en 1886, puis passe trois mois au *Point-du-Jour* et reste cinq ans à l'*Éden*. C'est là que Francisque Sarcey, infatigable découvreur de talents,

213 à 229. *Les photographies de* Paris qui chante, *revue créée par Polin lui-même, nous restituent de lui une image muette à l'époque où le cinéma ne parle pas encore.*

223

224

225

218

219

220

221

222

le remarque: « Il y a Polin qui est une vraie nature; il est sans prétention ni recherche, d'une drôlerie inconcevable. Quand on pense que personne ne connaît Polin qui, sans avoir l'air d'y prendre garde, met en joie toute la salle de l'*Éden Concert!* » Toujours sans avoir l'air d'y prendre garde, Polin se retrouve en 1892 à l'*Alcazar d'été* aux côtés de Paulus qui reconnaît que « les cinq ans qu'il a passés à l'*Éden Concert* lui ont permis de se révéler au public... Nul n'a encore présenté les soldats avec une telle finesse, avec un naturel si joyeux, servi par une voix extrêmement sympathique »... Et Paulus de quitter l'*Alcazar d'été* par crainte de ce trop redoutable concurrent!

Polin, qui paradoxalement n'a jamais été soldat (dispensé comme soutien de famille), est passé à l'état de coqueluche. « Voir Polin, entendre Polin, car l'un et l'autre à la fois sont nécessaires, c'est l'une des distractions favorites de nos contemporains. D'un naturel parfait, doué d'une bonne face ronde, éclairé d'un feu paisible et doux, il s'imagina d'être le tourlourou déjà connu, le naïf troupier que nous aimons pour sa bêtise qui est un monument national » (Georges Montorgueil). Avec sa culotte rouge et ses basanes noires, sa veste trop courte, un képi lui aussi trop petit et un grand mouchoir à carreaux rouges qu'il tortille pour mieux se donner l'air embarrassé, Polin est sur scène le contraire de ses concurrents: il se plante devant le trou du

226

227

228

229

230 *à* 233. *Toujours grâce à* Paris qui chante, *Ouvrard.*
234 *à* 237. *Et Vilbert.*

230

souffleur et fait un minimum de gestes, débitant d'une petite voix, mais on ne perd rien grâce à sa diction parfaite. Son répertoire: ''Ah! Je l'attends'', ''Mademoiselle Rose'', ''l'Ami Bidasse'', le ''Frotteur de la colonelle'' ou le ''Moine du commandant'' n'est certes pas constitué de chefs-d'œuvre de la littérature, mais «Polin, qui chante à peu près pour ne rien dire, ne se souciant que de rendre le philosophe indémontable qu'est le soldat, ramène à la pensée qu'il n'est que ce qui plaît et qu'on a peut-être le droit de pouvoir aimer ce qu'on aime le mieux sans en rendre compte à qui que ce soit, fût-ce à soi-même» (Montorgueil). Idole de la *Scala* l'hiver, des *Ambassadeurs* l'été, il crée en 1903 *Paris qui chante,* revue illustrée, qui est un des plus précieux documents sur le concert. Remarquable comédien, il joue de nombreuses pièces au *Palais Royal* et meurt simplement en 1927.

234

235

236

237

231

232

233

A l'imitation d'Ouvrard et de Polin, des centaines d'artistes se griment en tringlots et le genre « comique troupier » devient rapidement un élément indispensable du programme d'un établissement digne de ce nom.

Vilbert (1870-1926), pour se distinguer de son modèle Polin, porte le treillis de corvée du cavalier et manie avec dextérité ses accessoires (seau, pelle, balai). Marseillais monté à Paris, il débute en 1897 à la *Cigale,* puis fait la joie du public de *Parisiana* avec ses succès "Content d'être soldat" et "Nous nous plûmes". Après la guerre, il abandonne le concert pour la comédie et l'opérette.

Dufleuve (1870-1945), frère aîné de Polaire, triomphe comme troupier à l'*Européen* et à *Parisiana;* comme auteur on lui doit "Elle était souriante", le grand succès de Montel.

Bach, petit corps dans un uniforme trop grand, joue aussi les tourlourous. Il chante le fameux "Ami Bidasse" en 1911, et crée en 1913 "Quand Madelon", qui connaît son succès pendant la guerre dans les tranchées.

Ouvrard fils (1890, Bergerac) devient lui aussi troupier, malgré l'opposition paternelle ! Servi par son impeccable diction, il crée "Si j'avais des ailes", "Suzon la cantinière" et bien d'autres prodiges de volubilité, en uniforme, en smoking au temps du music-hall, puis à nouveau en garance; dans les années 70, il fait un remarquable come-back à la télévision...

Fernandel enfin, rappelons-le, débute en 1922 comme troupier à l'*Alcazar* de Nice.

238

239

241

240

Le grand Mayol

Né à Toulon en 1872, Félix Mayol est destiné par son oncle au métier de cuisinier (il sera toujours gourmand), mais le démon des planches le travaille... Ce sont d'abord les sociétés d'amateurs, puis un échec au *Palais de Cristal* à Marseille le ramène aux petits beuglants du Languedoc. « Le répertoire Paulus étant plus en vogue que jamais, j'interprétais encore toutes ses chansons. » Mais dès cette époque Mayol cherche son style propre: « Conscient de la faiblesse de ma voix, je m'appliquais maintenant à dire, à parler en quelque sorte mes couplets, tout en conservant de mon mieux le rythme dont j'ai toujours eu le sens. Pour souligner les paroles, je les appuyais, les commentais, de quelques gestes, étudiés d'après ce que j'avais vu faire aux artistes de métier. »

Nanti de cette ébauche de personnalité, réformé de la marine, il part à la conquête de Paris et auditionne au *Concert Parisien* le 1er mai 1895. C'est là que, par hasard, n'ayant pas trouvé le camélia habituel aux artistes, il se fleurit du brin de muguet

242

243

244

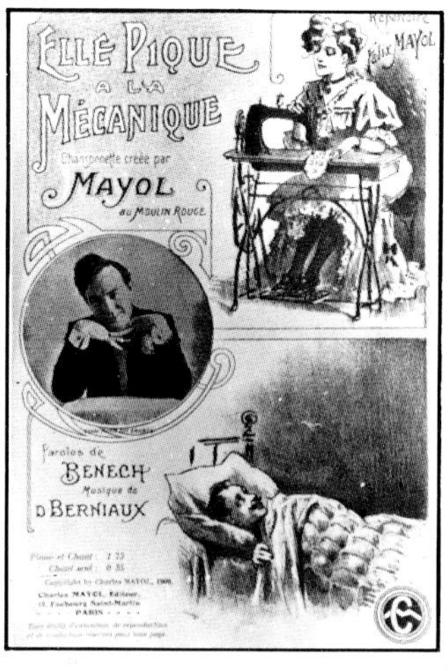

245

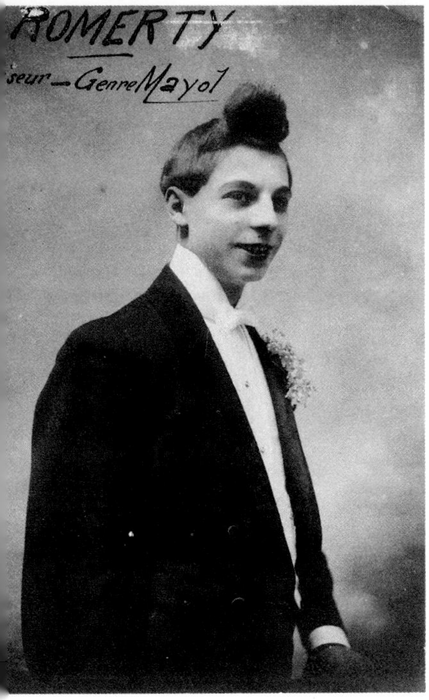

246

247

248

traditionnel qui deviendra son emblème. Le père Dorfeuil lui signe un engagement de trois ans... Désormais sur les rails, Mayol, déjà coiffé de son échafaudage capillaire qui le fait désigner comme « l'artiste au toupet rouquin » ou « flamme de punch » (ce qui d'emblée le distingue aussi de tous les imitateurs de Paulus coiffés à la Capoul), trouve son premier succès en 1896: ''La Paimpolaise'', de Théodore Botrel, la première de 127 chansons qu'il y crée. Il signe à nouveau pour deux ans au *Concert Parisien* puis, le 1er mai 1900 (superstition!), débute chez Mme Marchand à l'*Eldorado*, puis très vite passe à la *Scala* avec ''La cabane Bambou'' et ''La polka des trottins''. C'est là que sur un air allemand (''Kom', Karoline''), sur des paroles de Christiné et Trebisch, il lance le 18 novembre 1902 le fameux ''Viens Poupoule'', dont le célèbre premier couplet est un hymne au beuglant:

> Le sam'di soir, après l'turbin
> L'ouvrier parisien
> Dit à sa femme: comme dessert
> J'te paie l'café-concert.

249

250

On trouve naturellement parmi les chanteurs comiques le meilleur et le pire, et chaque créateur fait naître des imitateurs.
238. *Dullac*. 239. *Montal*. 240. *Sorius, le gai tringlot.*
241. *Libert, le gai hussard.*
242. *Ouvrard, le premier des comiques troupiers, aborde aussi la paysannerie avec ''la Machtagouine''.*
243. *Boucot interprète lui-même ses chansons (''J'ai le téléphone'').*
244-245. *Quant à Mayol, ses imitateurs se contentent d'adopter son toupet et son brin de muguet.*
246. *Romerty*. 247. *Doray*. 248. *Rosel*.
249. *De Certos*. 250. *Elvhard... et les autres!*

VIENS, POUPOULE !

Chanson créée par
MAYOL

Paroles de
TRÉBITSCH et CHRISTINÉ.
Musique de Adolf. SPAHN.
Arrangée par
CHRISTINÉ.

Ier COUPLET

Le sam'di soir, après l'turbin
L'ouvrier parisien
Dit à sa femm' comme dessert
J'te pai' l'café-concert
On va filer bras d'ssus, bras d'ssous
Aux galeries à vingt sous.
Mets vite un' rob', faut t'dépêcher
Pour être bien placé,
Car il faut, mon coco,
Entendre tous les cabots.
Viens, poupoule *(bis)*, viens !
Quand j'entends des chansons
Ça m'rend tout polisson,
Ah !
Viens, poupoule *(bis)*, viens !
Souviens-toi qu'c'est comm'ça
Que j'suis dev'nu papa.

IIe COUPLET

Un p'tit tableau bien épatant
Quand arriv' le printemps
C'est d'observer l'charivari
Des environs d'Paris.
Dans les guinguett's au bord de l'eau
Au son d'un vieux piano
On voit danser les p'tits joyeux
Criant à qui mieux mieux :
Hé l'piano !
Tu jou's faux !
Ça n'fait rien, mon p'tit coco.
Viens poupoule (*bis*), viens !
Ce soir je t'emmène... où ?
A la caban' bambou,
Hou !
Viens, poupoule (*bis*), viens !
Et l'on dans' plein d'entrain
La " polka des trottins ".

IIIe COUPLET

Avec sa femme un brave agent
Un soir rentrait gaîment
Quand tout à coup, jugez un peu,
On entend des coups d'feu
C'était messieurs les bons apach's
Pour s'donner du panach',
Qui s'envoyaient quelques pruneaux
Et jouaient du couteau.
L'brave agent,
Indulgent.
Dit à sa femm' tranquill'ment :
Viens, poupoule (*bis*), viens!
Pourquoi les déranger,
Ça pourrait les fâcher,
Ah!
Viens, poupoule (*bis*), viens!
Ne t'mets pas en émoi,
Ils s'tueront bien sans moi.

IVe COUPLET

Deux vieux époux tout tremblotants
Mari'nt leurs p'tits enfants,
Après le bal vers les minuit
La bonne vieille dit :
A sa p'tit' fill' tombant d'sommeil :
« J'vais t'donner les conseils
Qu'on donn' toujours aux jeun's mariés. »
Mais l'grand pèr' plein d'gaîté
Dit douc'ment :
Bonn' maman,
Laisse donc ces deux enfants.
Viens, poupoule (*bis*), viens!
Les petits polissons
N'ont pas besoin d'leçons,
Ah!
Viens, poupoule (*bis*), viens!
J'suis bien certain, ma foi,
Qu'ils en sav'nt plus que toi.

MAYOL

DANS

„VIENS POUPOULE"

Ve COUPLET

Les jeun'es mariés très amoureux
Vienn'nt de rentrer chez eux
Dans leur gentil p'tit entresol,
Ils s'écrient : Enfin seuls!
Madam' se met vite à ranger
Sa p'tit' fleur d'oranger,
Pendant qu'monsieur bien tendrement
Dit amoureusement,
Pour tâcher
D's'épancher,
Montrant la chambre à coucher :
Viens, poupoule (*bis*), viens!
Les verrous sont tirés
On pourra s'détirer
Ah!
Viens, poupoule (*bis*), viens!
Viens chanter, mon coco,
La chanson des bécots.

VIe COUPLET

Un député tout frais nommé
Invitait sa moitié
A v'nir entendre un grand discours
Qu'il prononçait l'môm' jour ;
Mais à peine a-t-il commencé
Qu'on lui cri' : C'est assez!
Constitution! Dissolution!
Pas d'interpellation!
Ahuri,
Abruti,
Il prend son chapeau et dit :
Viens, poupoule (*bis*), viens!
Je n'veux pas dev'nir sourd
Pour vingt-cinq francs par jour,
Ah!
Viens, poupoule (*bis*), viens!
C'est bien assez, ma foi,
D'être attrapé par toi

Clichés phot. propriété du journal.

253

254

255

256

«C'est à cette chanson que je dois le grand départ de ma fortune artistique», avoue-t-il. La vente des formats rapporte 150 000 F, exactement le double de ce qu'avait produit ''En rev'nant d'la r'vue''. Ce sont ensuite des succès à la file dans les concerts, dans les salons ou durant les tournées Baret, succès enregistrés sur disques et sur cylindres. ''Le petit panier'', ''Fifille à sa mémère'' et en 1905 la ''Mattchiche'' chanson, danse espagnole sur une musique de Borel-Clerc, qui marque pour lui le début d'une série de pas de danses (la Malakoff, la Baltique, la Monténégrine, la Tizi-Ouzou, etc.). En 1907, il revient à la *Scala* jouer une opérette, ''Cinderella'', qui est un four, mais où il crée ''Les mains de femme'' et, en 1908, ''Cousine'', sa chanson préférée, pratiquement la seule qu'il chante avec l'accent de son Midi natal. André Antoine lui concède «qu'il a vraiment créé un genre et trouvé dans la mesure et la nuance une célébrité aussi grande que celle du grand Paulus qui fut tout simplement le Coquelin du café-concert.» Une autre sommité de la critique, Nozière, «ne croit pas que le texte soit des plus spirituels, mais les musiques en sont toujours follement gaies, et M. Mayol en tire un parti total et maximum qui me semble n'appartenir qu'à lui.»

Mayol est en effet à ce moment la seule vedette à avoir pris la place de Paulus dans le cœur de nos grands-mères: il décide comme ce dernier, mais avec plus de sagesse, d'ouvrir son propre concert. Il choisit d'acheter celui qui vit ses débuts, le *Concert Parisien,* qui devient en 1910 *Concert Mayol*. Il y fait débuter de jeunes Méridionaux, dont Raimu et Sardou. Tout

252

257

258

259

260

en continuant ses tournées, il passe au *Concert Mayol* qu'il dirige jusqu'en 1914, date à laquelle il le cède à Oscar Dufresne. Après la guerre de 1914, Mayol ne s'adapte pas au music-hall et continue à chanter son répertoire pour un public de plus en plus clairsemé mais qui lui reste fidèle jusqu'à ses adieux définitifs à la scène en 1938.

Francis Carco, dans *Les Nuits de Paris,* nous a laissé un témoignage de ce qu'est en 1927 le café-concert moribond où Mayol continue de chanter: « Qui n'a point applaudi Mayol dans le beuglant de la rue Biot [l'*Européen*] ne peut avoir idée de la faveur dont il jouit encore auprès des connaisseurs. Malgré son ventre, ses bras trop courts, son toupet de cheveux qu'on sait artificiels et sa voix fatiguée, il plaît à tous, il est toujours Mayol, il s'en montre enchanté. ''Cousine! Cousine!'' On l'accueille dès qu'il arrive en scène, un public délirant... oui... oui... ''Cousine''.

— Et ''Le p'tit coiffeur''.

— Chante ''Félix''.

— Mais que voulez-vous que je chante? répond d'un air bonhomme, avé l'assent, le gros monsieur qui fait la moue, dites-le...

— ''Les mains de femme'', supplie quelqu'un.

— Eh! Non.

— Si si, ''Les mains de femme''! s'écrie la salle entière qui attend les premières mesures de l'orchestre pour s'absorber dans son extase...

— Enfin, puisque vous y tenez...

Page précédente, 251. *''Viens Poupoule'', le grand succès de Mayol, l'hymne international du café-concert, sur un air de polka de l'Allemand Adolf Spahn arrangé par Christiné.*
252. *La célèbre affiche de Barrère (dont on connaît des variantes sur fond vert).*
253 *à* 260. *Et les attitudes de Mayol sur la scène* (Paris qui chante).

261

262

— Ah! Bravo! Bravo!
— Allons-y, décide Mayol qui, du geste, avertit les musiciens puis se redresse et, la tête inclinée, sourit... »

Retiré à Toulon dans son « clos Mayol », il meurt en 1942. Avec ce créateur de 495 chansons, le café-concert perd son dernier grand charmeur.

Fragson et le « genre anglais »

Harry Fragson (de son vrai nom Léon Pot, 1869-1913) débute en 1891 dans un cabaret montmartrois et passe à la *Cigale* sous le pseudonyme de « Frogson », ce qui n'est guère heureux pour un interprète né en Angleterre: il modifie ce « fils de grenouille » en Fragson, nom sous lequel il obtient un succès international, particulièrement en France et en Angleterre d'où il rapporte à son ami le compositeur Christiné des chansons que ce dernier adapte au goût français. A une diction nette et nuancée, Fragson ajoute un léger accent anglais; il est surtout le premier à s'accompagner lui-même au piano sur la scène. Toujours en habit, ce

263

264

265

266

261. *Les mimiques de Fragson ne sont pas sa seule originalité.*
262. *Affiche de Barrère.*
263 à 266. *Il est aussi le premier à s'accompagner lui-même au piano, tourné vers le public.*
267. *L'accent anglais de Max-Dearly est dû à un hasard de sa carrière.*

268. *Le dessinateur Henry Havelot, lui, le voit des coulisses, derrière un piano droit.*
269. *Affiche de Fragson à l'*Horloge.
Page suivante, 270. *Son grand succès est ''L'Anglais entêté''.*

268

sont ses mimiques qui déchaînent les rires. Lors de son passage à *Parisiana,* il obtient son premier grand succès avec la ''Boiteuse'' (paroles de P. Briollet, musique de L. Lelièvre). Ses cachets alors deviennent énormes : mille francs-or par représentation ! Inventeur du « genre anglais », Fragson évolue avec aisance entre le comique (''Elle est de Marseille'', la ''Petite dame du métro'', ''A la Martinique'', ''La Baya'', ''Hop ! eh ! ah ! di ! ohé !'') et la chanson sentimentale (''Je connais une blonde'', ''Le long du Missouri'' et surtout ''Reviens'' *(veux-tu, ton absence a brisé ma vie...)* en passant par la chanson patriotique (le ''Gamin de Paris'', ''En avant, les p'tits gars'') que le public de la *Scala* reprend en chœur au refrain.

En 1913, avant de partir pour une longue tournée, Fragson songe à confier son père âgé de quatre-vingts ans à une maison de retraite pour ne pas le laisser seul. Le vieillard, pris de jalousie sénile, le tue de trois balles de revolver. Le vieil assassin est condamné à mort (eh, oui), et meurt peu après en prison. Fragson laisse une fortune de 40 millions-or et des intérêts dans plusieurs music-halls ; son père lui-même fort riche, 80 millions ; une tante tout aussi riche ajoute en mourant ses biens à l'héritage mis sous séquestre, qui (écrit Paul Reboux dans ses *Mémoires*) « se serait élevé, en 1953, à la somme de 14 milliards-papier ».

267

Autre comique « genre anglais », Max-Dearly, qui s'appelait tout simplement Max Rolland (1874-1943). Après avoir chanté sous le nom de Villary au *Concert des Ternes* des « chansons sociales » devant un public bourgeois, qui l'emboîte, il entre dans une troupe de mimes anglais, les Willy-Willy, où il remplace un artiste décédé, Dearly. C'est avec eux qu'il acquiert l'accent anglais à la française. Max-Dearly garde le patronyme et connaît le succès à Marseille avec le répertoire de Paulus. Il est enfin engagé au *Concert Parisien* et tient l'affiche avec Dranem et Mayol. C'est à la *Scala,* en 1899, qu'il chante l'''Anglais entêté'', avec une savante lenteur :

Mylord, qu'il me dit,
Otez vot'chapeau.
Nô que je réponds,
Je le ô-te-rai pas !

269

270

271

272

273

274

275

276

277

278

279

280

"Dig digle dum", chanson sur la guerre des Boers, et surtout le "Jockey américain" où il mime une course de chevaux, sont des triomphes. Élégant, sans maquillage ni vêtements excentriques, excellent danseur, Max-Dearly ouvre la voie aux jeunes premiers comiques. C'est aussi un comédien-né qui joue de nombreuses pièces de 1900 à 1904, passe la saison de l'été 1904 aux *Ambassadeurs* et entre enfin à l'*Olympia*. Il devient l'interprète des comédies de De Flers et Caillavet; mais Max-Dearly profite toujours de la saison de relâche du théâtre des *Variétés* pour retourner chanter aux *Ambassadeurs* ou au *Moulin Rouge;* il y crée en 1909, avec Mistinguett, la "Valse chaloupée". Après la guerre de 1914-1918, c'est grâce au cinéma que nous pouvons encore apprécier le talent multiforme de Max-Dearly.

Morton, voyageur de commerce, est servi par un physique caricatural de clergyman anglais: il lui suffit d'adopter le genre. Il débute en 1888 aux *Folies-Belleville,* avant de faire la tournée complète des cafés-concerts et des music-halls et de terminer sa carrière au théâtre et sur les scènes lyriques. Très pince-sans-rire, lorsqu'il sent qu'un de ses effets échappe au public, il lâche un: «Trop fin pour le quartier», et continue, imperturbablement son tour de chant.

Comiques en tout genre

De tous les genres qu'accueille le répertoire des cafés-concerts, le comique est celui qui s'y développe avec une abondance jusqu'alors inconnue. «Si la chanson d'aujourd'hui est souvent bête à faire pleurer (écrit Jules Lemaître en 1886), elle ne trompe pas son monde, elle se donne franchement pour ce qu'elle est,

281

Pages précédentes, 271. 272, 273.
Les chansons du répertoire de Fragson sont le plus souvent illustrées en couleur par Clérice.
274 à 277. *La diseuse Anna Thibaud crève l'affiche au milieu des meilleurs comiques en tout genre.*
278. *Sulbac.* 279 et 281. *Brunin.* 280. *Plébins.*
282. *Et de moins célèbres, comme Caudieux, ont parfois la chance d'avoir pour affichiste un Toulouse-Lautrec.*

Caudieux

283 à 287. *Sinoël, comique « épileptique »,*
qui aura plus tard une longue carrière au cinéma.
288 *Sulbac et* 289 *Baldy, par Sem.*

elle n'aspire pas à être de la littérature. Et même la joie que répandent autour de nous ces plates calembredaines, loin de nous offenser, peut fort bien nous attendrir. On est pris de compassion pour cette pauvre humanité qui s'amuse si peu ; et, ce qu'il y a de terrible ou de consolant, selon les points de vue, c'est que, lorsqu'il fait très chaud, on finit par s'amuser soi-même de ces sottises, par descendre, sous l'influence de la température, à un état d'esprit peu compliqué où des plaisanteries élémentaires, des grimaces, des contorsions et des coups de gueule de pitre suffisent à nous ébranler d'un rire salutaire. On communie avec la foule dans la bêtise universelle. »

Ce qui est certain, c'est que le public connaît le titre des chansons, ou le premier vers du refrain, mais qu'il se soucie des paroliers et musiciens comme d'une guigne. Ce qu'il sait, ce sont les noms des interprètes. On dit : une chanson de Dranem ou une chanson de Thérésa, comme à l'époque où le cinéma devient un spectacle populaire, un film de Raimu ou de Fernandel, en ignorant scénariste et réalisateur. Mieux vaut d'ailleurs connaître les interprètes que les chansons : les premiers « durent » souvent plus longtemps que les secondes. Le public du caf'conc' accueille-t-il avec chaleur cinq ou six chansons dans une soirée ; que leur succès n'est pas assuré pour autant. Un mois plus tard, à peine, elles sont oubliées. A moins d'une réussite imprévisible, le café-concert change de programme tous les quinze jours. Il y a heureusement des exceptions. Le chansonnier Vincent Hyspa affirme qu'une bonne chanson d'actualité doit durer au moins sept ans. Nombreuses sont les chansons de café-concert qui durent bien davantage, malgré

283

284

285

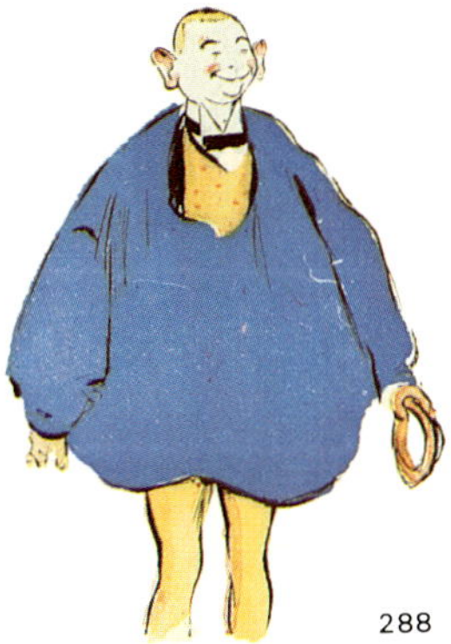

288

289

leurs allusions à une actualité vite dépassée. Malgré les nouvelles chansons qu'ils créent, les grands interprètes doivent toujours à la demande de la salle reprendre le répertoire qui avait assuré le succès de leurs débuts; ce sont d'ailleurs ces chansons qui, aujourd'hui encore, ne sont pas oubliées.

Un des premiers comiques de genre, qui traverse tout le café-concert, est Sulbac (Sulbach, 1860-1927), qui débute aux *Ambassadeurs* en 1878 et devient un interprète attitré de la *Scala* et de l'*Eldorado*. Avec sa bille ronde fendue d'un large sourire, son petit chapeau, sa blouse et le panier au bras, il débite de longs monologues patoisants entrecoupés de petits refrains sur les malheurs d'un paysan égaré dans la grande ville. Son grand succès est ''La digue diguedon'' de Jules Jouy. Lorsqu'il sent que son public lui échappe, il s'interrompt et lance: «J'vas vous faire le poirier fourchu». Sulbac ne se limite d'ailleurs pas aux «paysanneries». A partir de 1890, il devient une vedette de revues et d'opérettes. Il quitte la scène en 1914.

Autre comique, autre genre, Baldy, le «vieux beau» à l'élégance burlesque. Malgré sa corpulence, il porte l'habit, avec gilet et guêtres blanches, monocle et fines moustaches, mais il se fait faire une raie au milieu... de plusieurs centimètres de largeur. Il chante à la *Cigale* (en 1889) et à la *Scala* (en 1900) la ''Marche des vieux beaux'', son grand succès, et ''Paméla''.

Fortugé (Gabriel Fortuné, 1887-1923) est un des derniers créateurs de genre, celui du niais populaire, mariant (dit Antoine) «la saveur de la blague faubourienne si curieusement fondue avec la matoiserie paysanne». C'est Bourvil, avec quarante ans d'avance. Il débute en imitant Polin et Paulus dans des tournées

286

287

290

291

292

293

de province. Il est enfin découvert vers 1910 par le chansonnier Fursy et il est adopté par la *Scala,* puis par les *Ambassadeurs.* Petit, maigriot, le cheveu court, le nez rougi et de longs cils blonds, il porte un habit mi-costume de paysan endimanché, mi-pierrot. Il met sa voix de ténor léger, son regard malicieux, son jeu discret de mime au service de chansons idiotes et naïves, telles qu'"Antoine", "C'est jeune et ça n'sait pas", voire "Caca couettera" (une parodie de la "Violettera").

Plus classiques, tant ils sont nombreux, les «poivrots», dont Bourgès, avec son gros nez rouge et son gibus enfoncé à demi écrasé, est le chef de file titubant, bredouillant quelques phrases parlées et lâchant entre deux hoquets:

J'avais mon pompon
En rev'nant d'Suresnes...

Quant à Clovis, il a près trente-cinq ans lorsqu'il devient la vedette de l'*Eldorado,* de la *Scala,* du *Concert Parisien* et, à la belle saison, de l'*Alcazar d'été*. Caractéristique: du "Déménagement d'Eugène" au "Camelot" en passant par les "Marionnettes", il n'est jamais maquillé.

Les chanteurs à voix

Auprès de personnalités telles que Paulus et Kam-Hill, les autres chanteurs à voix paraissent fades: les romances et les drames qu'ils déclament nous les font paraître bien lointains. On leur doit cependant certains classiques qui restent attachés à leurs noms: Doria lance en 1870 la "Chanson des blés d'or" qui le fait sacrer prince de la romance et que reprend Marius Richard

290 à 293. *Reschal, « chanteur à voix ».*
294 à 297. *H.-G. Ibels a consacré un numéro entier de l'* Assiette au Beurre *aux couplets scabreux visés par la censure et débités dans tous les genres de la chanson de café-concert, du chanteur à voix au poivrot en passant par le vieux beau et le paysan.*

294

295

296

297

298

299

298 et 299. Dalbret.
300 à 304. Dickson.
305. Le premier des chanteurs à voix populaires fut Gustave Chaillier, « le petit bossu parisien ».
Les grandes diseuses, habiles à glisser le sous-entendu, sont Florence Duparc (306) *et Judic* (307).

à la *Scala:* Dona ''La Dame de Pique'', ''La Femme aux bijoux'' et ''L'Hirondelle du faubourg''. Bérard, pilier de l'*Eldorado* de 1899 jusqu'à la fin de sa carrière en 1925, y crée ''Le Train fatal'', ''Le Fumeur d'opium'', ''J'ai vendu mon âme au diable'' et autres chansons dramatiques, puis, pendant la guerre, ''Le Père La Victoire'' et ''On ne passe pas''. Du début du siècle à 1925, les chanteurs à voix sont légion: les catalogues de disques Pathé, Odéon et Société du Gramophone, qui les font enregistrer, les recensent: Marval, Lejal, «en petit le continuateur de Paulus, allant et venant, parcourant la scène de la *Scala*» (Jacqucs-Charles), Elval et Perval (de la *Scala*), Dalbret qui arrive à réunir à son répertoire ''Les Cheveux blancs'' (étude sociale), ''Cœur d'artichaut'' (chanson vécue) et ''La Petite médaille en argent'' (chanson patriotique!); Vorelli de l'*Eldorado* et Marcelly de la *Gaîté-Rochechouart* au répertoire pléthorique; Junka et Lynel, Marechal, Mercadier célèbre pour sa version de ''Quand les lilas refleuriront''.

La romance a également ses héros: Dickson, chanteur de charme élégant qui, à la création de ''J'ai tant pleuré'', reçoit cent lettres d'admiratrices par jour, et René de Buxeuil, qui écrit les paroles de nombre des romances qu'il chante (''J'ai tant pleuré'', ''Je t'ai tout donné'', etc.). Dans les années 1920, les chanteurs à voix s'essayent maladroitement au fox-trot; l'apparition du micro leur donne le coup de grâce.

300

301

302

303

304

305

306

Les diseuses

Comme l'affirme justement Georges Montorgueil, « ce dont on ne se persuade jamais assez, c'est que la chanson exige, avant toute chose, d'être dite ». L'incarnation de cette vérité sur la scène des concerts est la diseuse. Contrairement aux gommeuses, excentriques et autres épileptiques, « elle entre en scène tout bonnement et, comme elle est musicienne, elle n'attaque ni trop tôt ni hors de ton. Elle se fait écouter car sa voix est de qualité suffisante. Elle a l'esprit de ce qu'elle chante et son goût lui indique l'art délicat des nuances. Elle a des gants blancs ou des gants noirs et elle est coiffée comme il lui plaît, car les cheveux ni les gants ne donnent pas du talent à qui en est privé ».

C'est Anna Judic (1850-1911) qui crée le genre des ingénues le 1er septembre 1868 à l'*Eldorado*. Paulus est enthousiaste: « Quelle délicatesse ! Quelle suave diction ! C'était l'incarnation

307

308

de la grâce ingénue et maligne.» Chadourne en 1889 partage cette opinion: «Le genre auquel Mme Judic a donné un si inimitable relief est certainement le plus gracieux, le plus charmant qui soit au concert.» Si elle joue les ingénues, ce sont les ingénues perverses ou, pour reprendre Touchatout, les ingénues très renseignées! Tout son répertoire (''Comme ça pousse, cousin!'', ''C'est si fragile!'') est en effet construit sur le sous-entendu grivois. «Elle excelle dans l'art de souligner et l'on pourrait dire qu'elle chante entre les lignes», note Touchatout en 1881. «Seulement elle en a pris une telle habitude, et son public l'y a tellement encouragée, qu'elle souligne à outrance.» D'où son surnom: «l'école des mimes». Elle affirme elle-même: «Tout peut se dire, seulement il y a la manière.»

Bonne comédienne, elle passe aux *Variétés* où elle fait une brillante carrière dans l'opérette puis revient à la chanson à la fin du siècle. «Tout Paris pour sa rentrée était là. Elle fut annoncée. Il se fit un grand et religieux silence. Elle parut..., un peu épaissie peut-être, mais l'embonpoint n'est pas pour déplaire quand il n'atteste encore que la chaude maturité. Elle était de visage, aussi exquise qu'autrefois. Elle avait toujours son doux sourire, et l'expression affable et spirituelle du regard qui est chez elle tout son charme. La voix avait-elle conservé toute la pureté de son cristal: les musiciens dissertaient, sans doute, sur ce point, mais le public, subjugué, l'écoutait et se laissait aller au plaisir du plaisir, sans la contrainte pédante de l'analyse» (Georges Montorgueil).

3

Presque sa contemporaine, Florence Duparc (1844-1914) chante avec les mêmes sous-entendus un répertoire équivalent dans les années 1878-80 à la *Scala*, l'*Eldorado*, les *Ambassadeurs* et l'*Alcazar*. Paulus et Chadourne lui vouent une égale admiration: «Quelle gracieuse diction, un répertoire distingué, presque de salon. Dans ses chansonnettes, les amoureux se mariaient toujours au dernier couplet. Quand par-ci par-là un accident arrivait avant la lettre, le séducteur reconnaissant «reconnaissait» et monsieur le maire effaçait l'irrégularité commise. On se rit à présent de ce répertoire anodin. Les vieux — et j'en suis —

Mais «notre diseuse nationale» est incontestablement Yvette Guilbert. Pour elle, Cappiello se fait sculpteur (308). *Toulouse-Lautrec l'a souvent représentée* (309), *ainsi que Sem* (310), *Charles Léandre* (311) *et naturellement Steinlen* (page suivante, 312).

310

★ N° 169. 4e année. 29 Janvier 1898. 15 centimes.

Le Rire

JOURNAL HUMORISTIQUE PARAISSANT LE SAMEDI

Un an : Paris, 8 fr. Départements, 9 fr. Étranger, 11 fr.
Six mois : France, 5 fr. Étranger, 6 fr.

10, rue Saint-Joseph, 10
PARIS

Les manuscrits et dessins non insérés ne sont pas rendus.

M. Félix JUVEN, Directeur. — Partie artistique : M. Arsène ALEXANDRE

LE GOTHA DU « RIRE » — N° V.   YVETTE GUILBERT

Notre grande diseuse nationale.   Dessin de . C LÉANDRE.

312

313. *Peut-être vaut-il mieux se fier à la photographie pour connaître Yvette Guilbert.*
314 à 317. *Quant à Anna Thibaud, à qui se fier ? Au photographe ou à l'affichiste ? Celui-ci est certainement arrivé le premier…*

313

314

315

316

317

Ta-ra-ra-boum
Polka
Américaine
ARRANGÉE PAR
G. MICHIELS
Piano seul 5F
— — très facile 2F 50
Piano à 4 mains 7F 50
l'Orchestre complet 1F 50 net.
ENOCH Frères & COSTALLAT, Editeurs
Paris, 27, Boulevard des Italiens, 27, Paris.
Tous droits d'Exécution publique, de Représentation, d'Arrangement de Traduction et de Reproduction, réservés
Déposé_Ent. Sta. Hall.

318-319. *Jules Chéret, qui fait de la publicité le spectacle de la rue, a beaucoup travaillé pour les couvertures de chansons et pour l'affiche de café-concert.*

320. *Yvette Guilbert travestie dans une revue de fin d'année.*
321 *à* 324. *Les types féminins vus par H.-G. Ibels dans le numéro de l'* Assiette au Beurre *qu'il a consacré à la censure.*

prétendent qu'il valait mieux que toutes les valses de «nichons» et tous les couplets scatologiques qu'on sert aujourd'hui au public.»

«Avec quel sentiment exquis elle détaille "Mon p'tit pioupiou", "Demandez mon aile à papa", le "Bréviaire" ou même un morceau aux dessous épicés comme les "Allumettes du général"! Il y a là certainement des défauts, des étrangetés de style, mais que de tours originaux et faciles! Le ton est généralement moral et, si l'on avait de pareilles œuvres à signaler, on bénirait le siècle qui vous a permis de les entendre.»

Jules Lemaître est nettement plus réservé: «Mademoiselle Duparc est la grande «diseuse» de l'endroit [l'*Alcazar d'été* en 1887]. Mais les platitudes qu'on lui fait dire paraissent d'autant plus lamentables qu'elles ont des prétentions de finesse.»

Georges Montorgueil, neuf ans après, a une opinion plus mesurée et qui semble assez raisonnable: «Il a quelque peu vieilli, ce répertoire Duparc. La vogue est loin de ces contes grivois, à équivoques et sous-entendus des Villemer et Delormel. Ce n'était ni rare d'invention, ni très fin, sauf en quelques exceptions — par exemple les "Écrevisses" de Jacques Normand. Le bataillon de ces diseuses «genre Duparc» n'est pas le moins désagréable du café-concert; il lui manque seulement l'originalité. Puis cette musique est affreuse. Un air, toujours le même, sempiternellement veule, canaille, relavé, revient et nous obsède de sa banalité geignarde.»

De ce bataillon de Paula Brébion, Micheline, Miette (une miette de talent!) émerge bien évidemment Yvette Guilbert. Née à Paris en 1867, elle commence par jouer dans divers théâtres où elle prend «de superbes leçons gratuites» qui lui serviront: «plus tard, quand j'eus à apprendre une chanson, je m'appliquais à la jouer.» Elle débute en 1889 à l'*Eldorado,* mais le public est indifférent à son répertoire. Elle passe alors à l'*Éden Concert* où "La Pocharde" fait succès mais où on lui refuse les chansons de Xanrof, dont "Le Fiacre". Elle passe alors en 1890 au *Moulin Rouge,* chez son ami Zidler, et en même temps au *Divan Japonais.* Jules Bois écrit dans le *Courrier Français:* «Je la trouve

320

321

322

323

324

325

maintenant plus sûre d'elle, se perfectionnant encore. Le succès l'assouplit. Elle s'abandonne aux effluves bénignes du public, les applaudissements frénétiques la portent à des innovations gracieuses ou à des audaces de pose, de geste, de ton. On la sent devenue bien elle-même, et ''La Pocharde'' bat son plein, avec une houle des épaules bien harmonique, des rythmes précis de tronc et ce je ne sais quoi dans l'atmosphère qui fait que le corps se déhanche plus mollement, que les bras s'arrondissent, que le regard brave plus malicieusement les regards braqués du public. Les effets plus justes viennent à propos, à temps, et portent avec certitude.

Elle exagère encore sa silhouette, longue, longue, mince, mince, que vante et chante Raitif [Jean Lorrain] avec coups d'épingle en sourdine; elle exagère le dénudement des épaules, ces épaules mystérieuses et garçonnières qui semblent ne devoir aboutir jamais et, seraient-elles hors des étoffes jusqu'à la hanche, ne parviendraient pas à être impudiques.

Mais elle perd de la dureté primitive pour acquérir une mollesse heureuse, comme une ondulation de renommée. »

Le même Jean Lorrain, un de ses fervents admirateurs, la décrit à la *Scala* en 1896: «La grande actrice entre en scène. Yvette a engraissé et offre maintenant des rondeurs et des fossettes placées au bon endroit si venues un peu tard; la diction est toujours parfaite, le mot découpé comme à l'emporte-pièce fait balle et porte, mais la divine a une robe fanée et des gants sales.

— Mais elle devient jolie! — Peut-être, mais j'aimais mieux sa silhouette dégingandée de Sidonie macabre. Ah! quelle terrifiante poupée de cauchemar elle était encore, il y a deux ans, avec ses longs bras de sauterelle et son corsage en V sur sa maigreur de spectre. — Mais elle ne chante que des cochonneries. — Le fait est que ''Quand ça le quitte ça me prend'' est plutôt une chanson salaude. — Salaude! Eh ben! mon cochon, comme dirait Courteline, quand vous allez entendre sa chanson sur les ''Cartes''! — Transparentes, ces cartes? — Et d'importation belge. — Mais elle chante l'''Enfant Jésus'' maintenant. Qu'est-

325. *La photographie qui a inspiré à Toulouse-Lautrec une affiche célèbre d'Yvette Guilbert.*
326. *Sa maigreur, contraire aux canons de la beauté en cette fin de siècle, lui attire cependant les jalousies féminines : « C'est p'têt' comme ça que tu les aimes... Satyre », dit cette grosse dame de Steinlen.*

326

327

327. *« L'article de Paris », vu par Mainartz dans un numéro de l'* Assiette au Beurre, *c'est aussi la figurante de revue, qui n'a que ses « appas », comme on dit alors, pour faire carrière.*

ce que cette complainte? — Aïe, aïe, là, c'est franchement mauvais. — Oui, c'est tout à fait la pauv-ouvrière en mal de sentiment; on n'est plus boulevard de la Chapelle; aussi, voyez si les galeries applaudissent. — Oh! la mâtine connaît son public. — Mais vous allez l'entendre dans ''La Rouge'', de Bruant; là, elle est sublime! — Aussi belle que dans ''La Pocharde''? — Autant. Yvette chante, tragique d'attitude et d'intonation, l'air d'une pierreuse qui détrousse et surine et, d'instinct, arrive à rappeler un Rops, artiste qu'elle ignore d'ailleurs complètement, son idéal voguant entre Ibels et Toulouse-Lautrec. Le public la rappelle, et Yvette lui fredonne une petite paysannerie épicée qui le remet de son émotion; elle salue et va toucher les cinq cents francs qu'elle emportera précieusement, le soir même, dans son cabas de velours mauve, avec ses gants nettoyés et la musique d'un pauvre musicien de Montmartre que nous verrons dans quelques jours au programme, — la musique, pas le musicien*. »

* Jean Lorrain, *Poussière de Paris* (28 juillet 1899), 1902.

Henri Lavedan, quant à lui, « pense toujours en la voyant à un troublant automate, à une dame en cire d'Edgar Poe qui aurait un phonographe dans le ventre ». Dotée du répertoire qui lui convient, sacrée et consacrée, peinte par Toulouse-Lautrec et Steinlen, Yvette Guilbert triomphe en France, en Angleterre et en Amérique. Elle se consacre ensuite à la renaissance de la vieille chanson française, du Moyen Age au XIXe siècle, à écrire divers ouvrages sur la chanson, ses mémoires et un (mauvais) roman, *La Vedette*. Elle finit ses jours à Aix-en-Provence, en 1944.

Anna Thibaud (1891-1936) est une émule d'Yvette Guilbert. Après ses débuts au *Concert Parisien,* elle chante un peu partout un répertoire grivois mêlé de romances sentimentales: « Si elle a quelque grivoiserie à signaler, c'est qu'elle parle, délicate et fine, des amoureux et de ce qui les occupe. Fidèle à la romance qui roucoule, elle a dans son répertoire quelques couples de ramiers sous bois et des sentimentalités que sa bouche en cœur fleurit d'un sourire. « Si vous voulez, ô mademoiselle, nous irions tous deux dîner à Meudon... » Elle tient l'article de Paris: genre banlieue et dimanche d'été. Les petites ouvrières, volontiers, viennent à son école apprendre la romance classique avec ces dîners sur le vert gazon, les entrelaçantes causeries, les doux rêves bleus et l'infidélité finale. Car ces coquins d'hommes sont toujours les mêmes mais, spirituelle et avisée, elle élargit, quand elle le veut, son répertoire, qui a sa note d'art, alors agréablement discrète» (Georges Montorgueil).

Esther Lekain (1870-1948) chante à partir de 1900 et pendant six ans à *Parisiana* de nombreux succès (dont la ''Petite Tonkinoise''). Considérée par Yvette Guilbert comme «la reine des diseuses», par d'autres comme «la Sarah Bernhardt de la chanson», elle plaît par «on ne sait quelle grâce mignarde où si peu de voix économisée avec mesure produisit une sensation ravissante» (Montorgueil), «un sourire tour à tour tendre ou rieur, peu de gestes mais nets, précis, évocateurs» (Jacques-Charles), tout au long d'une très longue carrière: on la retrouve en effet à l'*Apollo* en 1926, au *Palace* en 1934 et, deux ans avant sa mort, au *Casino de Paris* en 1946.

Dans un genre résolument plus mièvre, Paulette Darty est la spécialiste des romances et des valses chantées. Pendant plus de dix ans à la *Scala,* servie par sa voix et sa diction parfaite, elle triomphe. «Pourtant tout Paris a répété ces poèmes invraisemblables qu'elle trouvait le moyen d'imposer à force de charme, de talent, d'habileté», s'étonne le chansonnier Georges Milandy. Elle se retire de la scène en 1908.

On peut enfin citer Emma Liebel qui, après 1910, fait les délices de l'*Eldorado*.

Gommeux et gommeuses

Gommeux et gommeuses ont en commun le costume d'abord, excentrique, allant toujours plus loin dans l'audace, qui en fait un peu les incroyables et les merveilleuses du café-concert; le répertoire ensuite, aussi inepte que grivois, absurde que salace, justifiant parfaitement les interrogations de Willy qui se demande si c'est «de l'art ou du cochon». Le pionnier du genre et de couleur est Armand Ben qui lance en 1873 à l'*Horloge* ''Je cherche Lodoïska'', mais son vrai créateur est Libert que Georges Montorgueil salue comme «l'un de ceux qui furent vraiment créateurs» et que Chadourne décrit «une fleur à la boutonnière, le pantalon gris collant, le monocle à l'œil, un chapeau mou sur la tête, serré dans une jaquette serpentine et ganté couleur sang de bœuf.»

Né d'une bonne famille qui le destine au barreau, le jeune Libert préfère au droit l'art dramatique. Mais il trouve sa voie définitive au concert. Son ami Paulus regrette qu'il ait «tant mis, tant gaspillé de talent dans les idioties que l'on sait. Une voix chaude, vibrante, un masque très comique, une originalité d'allure particulière, lui ont permis de faire accepter et applaudir ces types fantoches. Bon comédien, il eût pu réussir au théâtre d'où lui vinrent maintes propositions; mais il s'était rivé le faux col du gommeux au cou et il n'avait plus la force de l'en arracher. Le souvenir du créateur de ''Popaul'', de ''Canada'', de cent autres inepties qu'il parvenait à rendre amusantes, est resté chez tous ceux qui l'ont connu; mais la scie qui l'a plus ancré, ce souvenir, c'est ''L'amant d'Amanda''».

C'est en effet avec ''L'amant d'Amanda'' que Libert connaît le triomphe en 1877. L'année suivante apparaît la première gommeuse que Paulus découvre avec son compagnon: «Libert, avec qui je déambulais un soir, m'cmmena voir sa rivale, la première gommeuse qui ait paru au concert à l'*Alcazar d'hiver:* la charmante Henriette Bépoix. C'est elle qui osa arborer le gigantesque chapeau fantaisiste et la toilette que tant d'autres ont depuis revêtue.» Le chapeau est en effet l'élément clef du costume de gommeuse, le reste étant en décolletés et retroussés perdus dans des mousses de dentelle. C'est Valti qui dans ses audacieuses architectures montre la voie, rapidement suivie par ses consœurs dont se détache Naya, qui se baptise pompeusement «Reine de la haute gomme». «On la reconnaît aussitôt à cette immense auréole qui est un chapeau, dit-on, qui ne l'embarrasse pas trop quoiqu'il menace les lustres.»

328. *Libert, le gommeux par excellence, triomphe en 1877 avec ''L'Amant d'Amanda''.*

328

En un rien de temps, les gommeuses deviennent l'une des attractions les plus prisées du Paris fin-de-siècle. La révélation qu'il suffit d'être mignonne et d'arborer des tenues abracadabrantes judicieusement retroussées amène sur scène une véritable ruée de cocottes et de demi-mondaines qui ne s'embarrassent pas de cours de chant. Quoi de plus efficace, en effet, pour elles, afin de trouver un michet d'un soir ou un protecteur plus sérieux que d'être affichée et de se produire quotidiennement en pleine lumière ! Le café-concert devient donc un de leurs bastions. « Les charmeuses d'hommes ont voulu connaître l'ivresse des bravos : la seule qui leur fût inconnue » (G. Montorgueil). Leur prestation ravit les yeux. Dès 1879, Paulus le note, décrivant l'une des premières gommeuses, Marie Heps, « une gommeuse pimpante, fringante, excitante, dont les charmes plantureux sont lorgnés

329

330

Les gommeuses. 329. *Anna Held (« Fermez les oreilles et ouvrez les yeux »).*
330. *Eugénie Fougère (« gommeuse cosmopolite »).*
331. *Mistinguett, qui sera assez ambitieuse pour s'adapter au music-hall et devenir la Miss.*

331

avidement par les amateurs d'art sensuel. Peu de voix mais on tenait moins à l'entendre qu'à la voir — ce n'était pas la note qu'on applaudissait mais la jambe». Le même n'est guère plus tendre pour Anna Held: «Fermez les oreilles et ouvrez les yeux, vous en aurez pour votre argent.» C'est sans doute ce que fait le grand producteur de music-hall Florence Ziegfeld qui l'enlève en Amérique pour l'épouser. Georges Montorgueil aligne Duclerc d'un autre raccourci mordant: «Dans sa gamme, sa note la plus élevée est celle de la lingère.»

Diamantine, Nadège et autres ne sont pas meilleures dans l'art lyrique. Mistinguett cite dans ses Mémoires une anecdote qui résume assez bien le malentendu qui pouvait exister entre les amateurs de chanson et ces jeunes personnes: «Au cours du spectacle passait une gommeuse, jolie femme sans voix. Un jour, un spectateur agacé s'écria: «Plus haut». Pour chanter la pauvre fille retroussait ses jupes tant qu'elle pouvait. Elle se méprit et, rouge de colère, répliqua avec une dignité irrésistible: «Plus haut — espèce de dégoûtant — vous vous voudriez peut-être que je vous montre...»

Tout n'est que question de s'entendre: les gommeuses sont là pour ravir les yeux et remplir leur carnet de rendez-vous (qu'elles tendent volontiers au public au milieu de leur numéro). On dit d'ailleurs d'elles: «L'avez-vous *vue* dans sa chanson?» Ainsi Naya «le face-à-main impertinent, s'occupant, la prunelle coulissée de côté, trop rouge, trop blanche, trop blonde, chimique et artificielle, elle mime le grand art de lever un michet» (Montorgueil). Ainsi de toutes les autres...

«Sous des toilettes tapageuses, empruntées aux modes les plus nouvelles, avec des chapeaux surmontés de fantastiques panaches, un luxe éblouissant d'atours, de bracelets, de bijoux, la femme vient célébrer la jeunesse, le plaisir d'être belle, riche, aimée... et entretenue. Son visage pétri de roses, des épaules blanches et potelées, ses yeux brillants, sa poitrine en saillie, ses bras arrondis comme pour étreindre, ses jambes qui se trémoussent avec entrain — tout dénote chez elle l'amour de rire, des franches lippées... symbole de la folie, de la vie parisienne agitant ses

TOUTE LA LYRE

Fi du trottoir, je fais les planches,
Jamais mon lit n'a de dimanches.
Sachez-le bien, pour dix écus,
Chacun peut . . . .

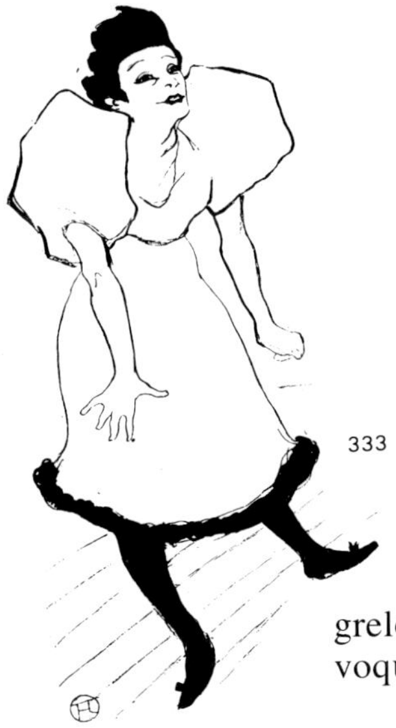
333

334

grelots » (Chadourne). Leur répertoire est d'ailleurs sans équivoque... elles chantent leur amant :

Il descend d'l'empereur de Chine,
Il est riche comme Crésus,
Il a des mines d'albumine,
Et n'va jamais en omnibus.

ou préviennent les nouveaux postulants :

Allume, allume,
Mon p'tit trognon,
J'adore la galette
Et le pigeon
Pour faire ma conquête
Faut du pognon.

Leur philosophie, un échotier la résume en révélant celle de Mademoiselle Valti : « Elle aime les hommes très galants et surtout pas beaux. Ça la distingue comme femme de cette multitude de niaises qui adorent la pommade et les garçons coiffeurs. » Cela lui réussit d'ailleurs très bien car elle épouse un prince russe et se retrouve quelques années plus tard à Nice, veuve et millionnaire.

Alice de Tender, Jane d'Alma, Dianette, Bianca, Mealy et autres Irma de Lapère, célèbres pour glorifier le mollet de la Parisienne en montrant ses cuisses, ravissent en fait les publics masculins dont Georges Montorgueil résume fort bien le point de vue : « Nous serions bien ingrats de méconnaître le plaisir d'artiste que nous éprouvons à voir de jolies personnes qui courent la fortune en nous disant des chansons quand elles pourraient si bien, dociles à l'avis du poète, l'attendre dans leur lit. » Créatrice du genre « épileptique », Polaire mérite une place à part. Après trois ans à l'*Eldorado* où elle crée le célèbre "Tararaboum dihé", elle passe à la *Scala* où Jean Lorrain la décrit à la perfection :

(...) « la Cantharide d'Or, à la *Scala*, vers dix heures moins le quart, entre le répertoire trop connu de Fragson et les valses chantées de Paulette Darty, Polaire ! L'agitante et l'agitée Polaire.

335

332. *Le répertoire de ces dames (« Allume, allume ! ») peut nous surprendre, mais il est identique pour toutes.*
333. *(Dessin de Toulouse-Lautrec paru dans le* Rire *en 1895),*
334. *(Carte postale) : Polaire, « épileptique » avant de devenir quelques années plus tard la « Claudine » de Willy et Colette.*
335. *Louise Balthy, ancienne femme de chambre.*

Le petit bout de femme que vous savez, une taille douloureuse de minceur, mince à crier, mince à se briser dans un corsage étroit jusqu'au spasme, la plus jolie maigreur! Et dans l'auréole d'un extravagant chapeau de gommeuse, un galurin orange empanaché de feuilles d'iris, la grande bouche vorace, les immenses yeux noirs, cernés, meurtris, bleuis, l'incandescence des prunelles, l'éperdue chevelure de nuit, le phosphore, le soufre et le poivre rouge de cette face de Goule et de Salomé, qu'est l'agitante et l'agitée Polaire!

Mais il n'en est rien. Quelle satanée mimique, quel moulin à café et quelle danse du ventre! Haut troussée de jaune, gantée de bas à jours, Polaire gambille, se trémousse, frétille, des hanches, des reins et du nombril, mime toutes les secousses, se tord, se cambre, se cabre, tortille du ..., fait des yeux blancs, miaule, se pâme et... s'évanouit... Et, par quelle musique et sur quelles paroles! La salle, figée de stupeur, en oublie d'applaudir. Seuls, les vieux messieurs enthousiasmés rappellent:

Hildebrand, Hildebrand,
Comme t'es excitant!
Tu joues toujours dans le vif!
Ah, r'dis-moi ton motif!

La Cantharide d'Or et la Cantharide Mauve, Mademoiselle Lavallière et Mademoiselle Polaire. «Quand les peuples sont blets, les mioches s'y mettent.»

La jeune Mistinguett qui passe en face à l'*Eldorado* ne cache pas son admiration pour son aînée: «Elle était un peu ce que je rêvais de devenir. Cette gommeuse avait magnifiquement réussi dans son répertoire.» Engagée à New York avec pour slogan«la femme la plus laide du monde», elle remporte néanmoins douze semaines d'affilée un triomphe qui se poursuit à Londres.

Mistinguett, jalouse de Polaire avant d'être la reine du music-hall, est elle-même une gommeuse excentrique à l'*Eldorado* de 1897 à 1907: «Je me produisais ainsi dans les refrains drôles et gesticulants. Je m'asseyais sur le trou du souffleur pour chanter

La revue de fin d'année.
336. *Celle des* Folies-Bergère *par Barrère (on reconnaît de gauche à droite Marguerite Deval, Fougère, Fragson, la belle Otéro, Maurel, Clémence de Pibrac, Anne Dancrey).*
337. *Et par Albert Guillaume, le dessinateur des «petites femmes» (1899).*

336

337

338

à l'adresse de quelque musicien de l'orchestre: "C'qu'il est artiste, mon petit flûtiste"; on a dit que j'avais inventé le genre «épileptique» [là, Miss se vante, le titre revient à Polaire], on amuse les autres comme on peut. Ma voix ne portant pas très loin, je me rattrapais en mimant vigoureusement mes chansons.» C'est avec des chefs-d'œuvre comme "Max, ah!, c'que t'es rigolo!" que Mistinguett accède au vedettariat.

La gommeuse devient à ce point la coqueluche de Paris que les commères de revue adoptent son uniforme: ainsi Louise Balthy (1869-1925), ancienne femme de chambre installée par un riche banquier, triomphe dans ce costume à la *Cigale*, l'*Olympia* et les *Folies-Bergère*. Comme elle, Lidia, «une commère idéale dont les auteurs useront sans craindre de fatiguer les lorgnettes avides, lance adroitement le couplet égrillard». Aux gommeuses classiques on peut ajouter Émilienne d'Alençon, qui présente des petits lapins blancs, et Liane de Pougy, qui joue des féeries de Jean Lorrain, deux monstres sacrés de la Belle Époque. Et pour en finir, on doit citer les «espagnoles», Otero et Eugénie Fougère, alias Fougeros qui se baptise «gommeuse cosmopolite»: «les torsions de ventre cosmopolite de Mademoiselle Fougère; d'abord en Espagnole, ajustée d'orange et de brun chocolat, et puis en Bersaglière avec le ruban de l'Annonciade en sautoir sur de jolis dessous et de savoureux coins d'épaule. Mademoiselle Fougère roule les mots comme des cailloux dans une bouche vraiment appétissante, et sait mettre en valeur la provocation hardie d'une croupe de picador.»*

339

338. *Les titres des revues sont franchement équivoques : ‘‘Paris sans fil’’ est celui de la revue télégraphique des* Ambassadeurs.
339. *Le ballet des Polichinelles. (On ne dit pas si la scène représente un tiroir).*

La revue de fin d'année

Si l'on en croit l'excellent Robert Dreyfus*, et sans remonter jusqu'à Aristophane, « la revue est née à Paris, dans les charmantes petites loges ou baraques de la foire Saint-Laurent et de la foire Saint-Germain ». La *Revue des théâtres,* la première à arborer ce titre, est datée de décembre 1728. Favart excelle dans le genre et donne en 1758 la ‘‘Soirée des boulevards’’. Avec la fin du XVIIIᵉ siècle naissent des salles : la *Gaîté,* l'*Ambigu Comique,* le *Vaudeville,* etc., qui se spécialisent dans le genre. A l'époque, la revue ne dépasse pas un acte. Au fil des régimes, des révolutions et des fluctuations de la censure, la revue chansonne les faits de la « petite » et de la « grande » histoire. Les deux personnages clés, « le compère » et « la commère », descendants du chœur antique, commentent les faits marquants de l'actualité « symbolisant à tout moment l'instinctive disposition du bourgeois de Paris ». Ils le font au moyen de l'allusion — soit l'à-peu-près et le calembour — ce qui, avec le temps, rend difficile la compréhension de ces œuvres subtiles et éphémères. La revue ne fait d'ailleurs qu'effleurer les problèmes souvent fort graves qu'elle traite et elle reste essentiellement un divertissement où l'on vient s'amuser avant d'aller souper.

« Lisez les revues — suggère Dreyfus — jouées à Paris en 98, 99, 1900 : l'historien qui dans 1 000 ou 2 000 ans ne disposerait pas d'autres documents contemporains ne soupçonnerait pas que ce furent, en France, de vraies années de guerre civile. » Nous en avons lu un bon nombre : par exemple, en 1898 à *Bataclan* on joue ‘‘Y'a pas d'erreur’’ (2 actes et 4 tableaux), à la *Gaîté-Rochechouart* ‘‘Ça colle’’ (2 actes et 9 tableaux) et aux *Ambassadeurs* ‘‘La revue en fête’’ (1 acte). L'année a été particulièrement mouvementée : élections, et surtout grèves et agitation sociale. Qu'en transparaît-il sur scène ? Peu de chose : quelques couplets sur la grève à *Bataclan* et à la *Gaîté-Rochechouart,* sur les élections aux *Jambes à sa sœur* (lire les *Ambassadeurs :* le calembour est sur le programme, nous déclinons toute responsabilité) et à la *Gaîté-Rochechouart*; pour le reste on évoque

* *Petite Histoire de la Revue de fin d'année,* 1909.

340. *Tout ce qu'il reste aujourd'hui du* Jardin de Paris, *sur les Champs-Elysées : un kiosque.*
341. *L'architecture des* Ambassadeurs *et sa charpente métallique n'ont pas souffert, malgré les aménagements intérieurs.*

les bicyclettes, la Grande Roue, l'Abyssinie, le nouvel Opéra-Comique, les chasses de Rambouillet, mais aussi les vieux amoureux, les merveilleuses et l'amour. Si l'actualité sert parfois de prétexte, voire de titre à la revue (en 1903, par exemple, on joue à la *Scala* ''V'là l'métro'' et à *Bobino* ''Paris-Métro''), degrés par degrés, la revue se rapproche de la pure féerie, ou se confond avec ce que le vocabulaire de Paris nomme « la pièce à femmes ». D'où des titres comme en 1899, aux Champs-Élysées, ''En avant les p'tites femmes'', à l'*Alcazar d'été* et aux *Ambassadeurs* ''Qui veut d'l'amour''. En 1900, fines astuces autour de l'Exposition: ''Viens-y Nini'' à *Bobino* et ''T'y viens t'y'' à la *Cigale,* tandis qu'imperturbable, la *Pépinière* donne ''V'nez donc chez moi'' et le *Divan Japonais* ''La revue sensuelle''. En 1901, à la *Scala,* c'est ''Fleurissez-vous mesdames'' et à la *Gaîté-Rochechouart* ''Y'a queue'' (mais oui...). En 1902, à l'*Européen,* ''Veux-tu grimper?'' (sur la Butte, bien sûr) et à la *Scala* ''C'est d'un raid'' (?).

On pourrait continuer longtemps cette énumération de « Paris retroussés » et « Paris qui aime »; elle est, nous semble-t-il, suffisamment claire en ce qui concerne l'évolution de la revue et témoigne surtout de l'importance qu'elle prend dans les cafés-concerts. Chadourne, dès 1889, note que « un genre qui leur est particulièrement commun avec les théâtres et qui s'y développe à merveille, c'est la revue. Chaque hiver, le public est amené à comparer des œuvres de procédé semblable dans des cadres différents, et, ma foi, si ce n'était le préjugé qui défend aux critiques sérieux d'opter en faveur des concerts, on leur décernerait souvent la palme tant ils répandent sur ce défilé des faits et des productions de l'année, de brio, d'entrain, de mots drôles et piquants, de sous-entendus hardis, de fumisteries frisant la licence, ce qui tiendrait même à faire croire que le café-concert est le véritable terrain de la revue. »

Douze ans plus tard, dans la *Soirée Parisienne* de novembre 1902, un chroniqueur qui signe ''Le trou du souffleur'' confirme cette évolution: « Ce que l'on appelait beuglant n'existe plus. On a remplacé presque partout cette ruminante appellation par

340

341

celle de «music-hall» qui nous arrive d'outre-Manche. Le café-concert est en train de supplanter tout doucement les théâtres d'opérette qui agonisent et c'est justice. Il a su attirer à lui les auteurs à la mode, réunir des artistes «qu'on entend» et qui ont le goût de la «fantaisie», enfin, déployer un luxe et un goût dans la mise en scène qui atteint quelquefois au grand art. Aujourd'hui, le théâtre ne peut plus lutter avec le concert sur le terrain de la revue.»

Music-hall — le mot est lâché! Dès 1893, Oller, quand il construit l'*Olympia,* le baptise music-hall. Ce titre est bel et bien en réaction contre le beuglant traditionnel, le concert qui se meurt. Dans ''Les Gaîtés de l'année'', en 1903 au *Concert Parisien,* on essaye bien de se rassurer:

Le music-hall plaît à l'excès
Au riche comme au prolétaire.
Si son nom lui vient d'Angleterre,
C'est un spectacle bien français...

Certes, oui mais... Maurice Chevalier, qui commence à connaître le succès en imitant Dranem, se souvient d'une soirée de 1906 à la *Scala* où il découvre Norman French: «Polin venait de sortir de scène... un projecteur prit le coin de la coulisse pendant que l'orchestre attaquait une musique au rythme haché et énergique. Et nous vîmes apparaître un homme grand, blond, très mince, moulé dans un habit noir, impeccable... ganté de blanc, un stick en très beau jonc à la main, il commença flegmatiquement à dire, plutôt qu'à chanter, son couplet d'entrée. C'était pour nous une révélation. Et il commença une série de pas qui révélait le «step-dance» aux Parisiens. Des mélanges harmonieux de claquettes, de pas excentriques, de glissades, d'attitudes comiques qui trouvaient le moyen de rester gracieuses et élégantes. La salle était ravie, conquise. Nous... nous étions bouleversés. Ce que cet artiste nous montrait ce soir, c'était comme une immense fenêtre ouverte sur l'horizon du music-hall. C'était le coup de départ vers la compréhension de la qualité internationale. Tout respect dû à Mayol, Polin, Dranem et Fragson, nous avions maintenant un autre idéal qu'eux. »

Avec la revue et le step-dance, d'autres nouveautés arrivent d'Angleterre: les girls — les sisters Barrisson aux *Folies-Bergère* ou, ce qui est plus significatif encore, dès 1901 à l'*Alcazar d'été,* les « cocktails ».

Les *Folies-Bergère,* le *Moulin Rouge* ou l'*Olympia,* au tournant du siècle, ont déjà franchi le pas et proposent des spectacles qui ne sont déjà plus du concert. Si telle vedette y passe, c'est au milieu d'un programme, d'une revue, qui est déjà du music-hall.

Le partage qui se fait dès les premières années du siècle est profond: la mode qui triomphe encore est déjà nostalgique, et Mayol, qui connaît pourtant ses plus grands succès, Mayol, qui achète le *Concert Parisien* en 1910, ne sait pas qu'il est déjà dépassé, déjà le passé. Avec la revue qui attire les meilleurs auteurs (Rip, P. L. Flers), l'arrivée de nouveaux rythmes (et

342

343

344

342. *A chaque guerre sa "Marseillaise" : après celle de la Bordas en 1870-71, celle de Marthe Chenal en 1914-18.*
343-344. *Avec Georgius, l'« Amuseur public n° 1 », monté sur piles électriques, disparaît en France l'esprit du café-concert.*

surtout avec l'arrivée des Américains et du jazz en 1917), le music-hall prend son essor.

La fin du café-concert

Pendant la guerre de 1914-1918, on assiste dans les cafés-concerts et les music-halls à un déferlement de chauvinisme entre une romance sentimentale et un refrain grivois. Marthe Chenal, de l'Opéra-Comique, lance la "Marseillaise" avec le drapeau tricolore, Théodore Botrel exalte "Rosalie", la baïonnette, la "Petite Tonkinoise" devient "ma p'tite mimi, ma mitrailleuse", Gaston Montéhus chante "J'ai gagné ma croix à la guerre"; les étoiles de la chanson font des tournées dans les camps militaires. En 1917, après l'échec de l'offensive de Nivelle, c'est sur le timbre de "Bonsoir M'amour" (Sablon) que les soldats mutinés fredonnent la "Chanson de Craonne":

Adieu la vie, adieu l'amour,
Adieu toutes les femmes !
C'en est fini, c'est pour toujours,
De cette guerre infâme.
C'est à Craonne, sur le plateau,
Qu'on doit laisser sa peau;
Car nous sommes tous condamnés,
Nous sommes les sacrifiés.

Les survivants ne retrouvent plus à leur retour aucun café-concert, mais les music-halls, où le public paye le prix de sa place en entrant, ne fume plus et ne boit plus dans la salle. Les tours de chant sont accompagnés de numéros autrefois réservés au cirque, jongleurs, clowns, acrobates, trapézistes, danseurs ou dresseurs d'animaux savants. Déjà, depuis les années 1890, les consommations sont supprimées peu à peu dans beaucoup de grandes salles parisiennes. Les *Folies-Bergère* sont music-hall depuis 1886, l'*Olympia* depuis 1893, *Bataclan*, 1890, le *Concert Mayol*, 1914, le *Casino de Paris*, 1917. Après la guerre, en 1920, Paris compte déjà onze salles de cinématographe,

345. *Le salut final (H.-G. Ibels).*

345

Le Petit-Casino, *ouvert en 1893, boulevard Montmartre, fut le dernier caf'-conc' de quartier, avec ses tablettes au dos des fauteuils pour poser les consommations. Beaucoup de vieux Parisiens s'en souviennent encore: le* Petit-Casino *n'a fermé ses portes qu'en 1948. Il y a plus de trente ans déjà...*

Saint-Yves, 4, rue de l'Université, avec Lili Bontemps, Claudine Chéret et des chanteurs amateurs: le «demi-solde» Louis-Armand Fèvre, l'épicier-poète Roger Lécuyer et le garçon Raoul, dit «Raoul de Saint-Yves». La quinzaine du caf'conc', l'année suivante, aux *Ambassadeurs,* prouve, définitivement sans doute, qu'aucun chanteur n'a plus le «coffre» nécessaire pour se faire entendre dans une salle aussi vaste. La tentative de Romi, malgré le soutien de Robert Beauvais, de Jean Galtier-Boissière, le V.D. (Vénéré Directeur) du *Crapouillot,* et de bien d'autres amateurs distingués, ne fait que mettre un moment à la mode la «chanson 1900», parodiée dans les caves de la rive gauche et dans les cabarets de la rive droite.

Georgius publie en 1945 un livre pour enfants qui porte le titre d'un de ses succès, *Le Lycée Papillon,* puis en 1947 un premier roman policier, *Tête blonde* (qui est traduit en anglais sous le titre *My Fair lady*), enfin, à partir de 1955, sous le pseudonyme de Jo Barnais («jobard né») toute une collection de romans pour la *Série noire* de Marcel Duhamel.

Sortie de Georgius. Fin du café-concert.

Pour en savoir autant que les auteurs

Aderer (Adolphe): *Le Théâtre à côté,* 1894.

Barbier (Pierre) et Vernillat (France): *Histoire de France par les chansons,* tome 8, 1961.

Baret (Charles): *Cahots et Cabots,* s.d. — *Propos d'un homme qui a bien tourné,* s.d.

Benjamin (Edmond) et Desachy (Paul): *Le Boulevard,* 1893.

Bertaut (Jules): *Les belles nuits de Paris,* 1927.

Botrel (Théodore): *Mémoires,* 1933.

Brécy (Robert): *Florilège de la chanson révolutionnaire,* 1978.

Brochon (Pierre): *La chanson sociale de Bérenger à Brassens,* 1961.

Brunschwig (Chantal), Calvet (Jean-Louis), Klein (Jean-Claude): *100 ans de Chanson française,* 1972.

Buffet (Eugénie): *Ma vie, mes amours, mes aventures,* 1930.

Les Cafés-concerts d'autrefois, Figaro illustré, 1896.

Du Camp (Maxime): *Paris, ses organes, ses fonctions, sa vie,* 1879.

Cartier (Jacqueline): *Bobino ou 150 ans de coulisse,* 1972.

Chadourne (André): *Les Cafés-concerts,* 1889.

Chambot (P.) et Girier (A.): *La Chanson des cabots,* 1895.

Charpentreau (Jacques) et Vernillat (France): *Dictionnaire de la Chanson française,* 1968.

Chevalier (Maurice): *Ma route et mes chansons,* 1946 et sq.

Delvau (Alfred): *Les Plaisirs à Paris,* 1867.

Dranem: *Une riche nature,* 1924.

Dreyfus (Robert): *Petite histoire de la Revue de fin d'année,* 1909.

Érisman (Guy): *Histoire de la chanson,* 1967.

Gourdon de Genouilhac (H.): *Les Refrains de la rue de 1830 à 1870,* 1879.

Guide des plaisirs à Paris, s.d.

Grand-Carteret (John): *Raphaël et Gambrinus, ou l'Art dans la Brasserie,* 1886.

Guilbert (Yvette): *La Chanson de ma vie,* 1928. — *La passante émerveillée,* — *Autres temps, autres chants,* 1946.

Held (Anna): *Mémoires,* 1954.

Herbert (Michel): *La Chanson à Montmartre,* 1967.

Héros (Eugène): *Les Lyriques,* 1898.

Ibels (André): *La Traite des chanteuses,* 1906.

Imbert (Charles): *Histoire de la chanson et de l'opérette,* 1967.

Jacques-Charles: *Le Caf-conc',* 1966.

Lefebvre (René): *Petite histoire des cafés-concerts,* «Le Crapouillot», *Paris-Guide,* II, 1951.

Lemaître (Jules): *Impressions de théâtre,* 1888-1898.

Mathieu (Émile): *Histoire du café-concert,* 1863.

Max-Dearly: *Mémoires. Souvenirs des temps heureux,* 1945.

Mayol (Félix): *Mémoires,* 1929.

Millandy (Georges): *Lorsque tout est fini,* 1933. — *Au service de la chanson,* 1939.

Mistinguett: *Toute ma vie,* 1954.

Montorgueil (Georges): *Le Café-concert,* in *Les demi-cabots,* 1896.

Nisard (Charles): *Des chansons populaires.* Tome II: *Étude sur la chanson des rues contemporaine,* 1867.

Ouvrard: *La vie au café-concert,* 1894.

Otéro (Caroline): *Les souvenirs et la vie intime de la belle Otéro,* 1926.

Paulus: *Trente ans de café-concert,* s.d.
Polaire: *Polaire par elle-même,* 1933.
Rémy (Tristan): *Le Temps des cerises, Jean-Baptiste Clément,* 1968.
Romi: *Petite histoire des cafés-concerts parisiens,* 1950. — *Gros succès, petits fours,* 1967.
Simond (Charles): *Paris de 1800 à 1900,* 1901.
Les Spectacles à travers les âges, 1931.
Thérésa: *Mémoires de Thérèsa écrits par elle-même,* 1865.

Bibliothèque Nationale (Musique), Bibliothèque de l'Arsenal (Fonds Rondel), Bibliothèque de la Chanson (SACEM), etc.
Journaux et revues, notamment *Paris qui chante,* 1903 sq (dirigé par Polin), *La Bonne Chanson,* 1908 sq (dirigée par Théodore Botrel), *Le Mirliton,* 1885 sq (dirigé par Aristide Bruant), *La Soirée parisienne,* revue illustrée des théâtres, *Les Soirées parisiennes* (1874), *Le Courrier Français, Le Rire, L'Assiette au Beurre,* etc.
Les auteurs contemporains, notamment: Francis Carco, *Nuits de Paris;* J. et E. de Goncourt, *Journal;* J.K. Huysmans, *Croquis parisiens;* Jean Lorrain, *Poussière de Paris, La ville empoisonnée;* Laurent Tailhade, *Quelques fantômes de jadis;* Louis Veuillot, *Les odeurs de Paris,* etc.
Tous les livres de souvenirs, les guides, les albums *(Le Panorama),* les annuaires...
Et, naturellement, des milliers de « grands » et de « petits formats ».

Crédits

Bilbliothèque de l'Arsenal (B. N., Département des Arts du spectacle): 3, 4, 6, 15, 16, 19, 21, 23, 39, 40, 41, 42, 43.

Musée de l'Affiche: 20, 22, 31, 38, 57, 62, 63, 88, 89, 104, 114, 115, 119, 147, 167, 168, 172, 203, 204, 205, 262, 269, 274, 275, 276, 277, 281, 282, 305, 306, 312, 317, 319, 329, 330, 344.

Anquetin: 64. Henri Avelot: 268. Barrère: 183, 203, 253, 262, 330, 336. Cappiello: 308. Chéret: 165, 318, 319. Choubrac: 83. Couturier: 155. L. Damaré: 205. Gustave Doré: 4. Photos Gaillard: 150, 151. Albert Guillaume: 160, 161, 337. H. - G. Ibels: 1, 47, 72 126, 127, 144, 173, 174, 175, 209, 294, 295, 296, 297, 321, 322, 323, 324, 345. Job: 50, 157. Léandre: 311. Lunel: 103, 169. Emmanuel Marcel: 181. Métivet: 141. Minartz: 327. Léonce Petit: 179. Roubille: 2, 145, 148, 149, 150, 151, 152, 153, 156, 170, 171, 332. Sahib: 58. Sem: 116, 207, 288, 289, 310. Steinlen: 48, 49, 81, 128, 130, 131, 136, 178, 312, 326. Toulouse-Lautrec: 66, 143, 176, 282, 309, 333. Uzès: 107. Vallotton: 82.

Table des matières

Conception et réalisation Massin
Composition Times, 5 Off 7, Paris
Papier Couché demi-mat Arjomari Prioux
Photogravure Asto
Impression Offset-Aubin, Poitiers
Reliure SIRC

Achevé d'imprimer le 8 avril 1980
ISBN n° 2.01.006940.4
Dépôt légal n° 0860 2e trimestre 1980
Éditeur n° 08.02.04.08.018
Imprimeur n° 9440

08.04.08.8
80-IV

peu à peu les music-halls parisiens deviennent des cinémas de quartier. Aucune forme de spectacle populaire ne résiste au temps, à la mode, aux innovations et aux techniques nouvelles. Mais l'esprit du café-concert a-t-il disparu avec les salles ?

Les music-halls font encore une place importante à la chanson, aux tours de chant et peu à peu aux récitals. Un seul auteur-interprète pourtant fait survivre le café-concert. C'est Georgius (Georges Guibourg, 1891-1970), qui débute dans la romance avant la guerre de 1914. Ce fantaisiste a le génie de la parodie : ''La plus bath des javas'' est la java des javas, les ''Archers du roi'', dont les trouvailles résident dans la coupe des vers :

Malheur aux cu-
Rieux qui nous regardent.

sont si typiquement folkloriques qu'ils manquent d'entrer en 1970 dans un manuel de la langue française à l'usage des écoliers italiens... En 1930, Michel Leiris écrit à son propos ce que pensent les surréalistes et les écrivains de son temps : « Le comique sera toujours ce qu'il y a de plus démoniaque, de plus scandaleusement athée, et méritera toujours, chaque fois qu'il sera suffisamment poussé, d'être appelé le *bas comique.* » Créateur du *Théâtre chantant,* qui n'est ni le théâtre, ni l'opérette, ni le tour de chant, en habit blanc et la fleur à la boutonnière, l'« Amuseur public n° 1 » emplit de sa présence scénique et de son activité trépidante les petits théâtres de banlieue, de province et les salles de quartier, jusqu'en 1939 et même (ce qu'on ne lui pardonne pas) durant l'occupation allemande. ''Fleurs des fortifs'', ''Le Fils-père'', ''Ça, c'est d'la bagnole'', ''Le Lycée Papillon'', ''Partir en péniche'', ''Sur un air de shimmy'', ''Le Fils de la Bohémienne'', ''Méfiez-vous d'Anatole'', plus de 1 500 chansons, sans compter les revues et les opérettes, qui toutes ont besoin du contact direct, de l'ambiance populaire, du rire de la foule.

Georgius revient une dernière fois à *Bobino* en 1953. Le public rit, mais ne se laisse plus porter. En 1949, Romi* vient de tenter de relancer le café-concert dans le hall exigu de l'hôtel

* Collectionneur et historien, auteur d'une *Petite Histoire des cafés-concerts parisiens* (1950), reprise et complétée sous le titre *Gros succès et petits fours* (1967).